학습컨설팅 시리즈

03

학습전략 프로그램

: 기억전략

Learning Strategies Program: Memory Strategy

김정섭·강명숙·윤채영·정세영
김지영·김소영·황두경

박영
story

미래에는 학습이 중심이 되는 시대가 올 것이며, 평생학습이 더 확산될 것이다. 그러나 아직까지 학교현장은 학습보다 교육에, 학생역량보다 교사역량에 더 초점을 두는 것 같다. 가르치는 사람이 교육의 주체라고 여기는 사람들이 여전히 많기 때문이다. 대부분의 사람들은 교사가 잘 가르치면 학생은 잘 배울 것이라고 믿는다. 그래서 많은 교육자들이 학습의 질은 교육의 질을 넘어설 수 없다고 말한다.

그러나 교육의 질과 학습의 질을 동의어로 보아서는 안 된다. 교사의 역량과 상관없이 학생이 자기주도적으로 학습할 때 더 잘 배울 수 있기 때문이다. 교사가 가르치는 역량을 높여야 학습이 잘 이루어진다는 생각은 학생을 지나치게 수동적인 존재로 보는 관점이다. 교사가 어떻게 가르치느냐에 따라 학생의 학습수준이 결정된다고 보기 때문이다.

우리는 이런 관점에서 벗어나 학생의 학습역량을 높이는 것이 무엇보다 중요하고 선결되어야 한다는 관점을 가지고 있다. 학생이 학습으로부터 도망가고 있는데, 교사의 수업역량만 개선하는 것은 문제의 본질을 건드리지 못하고 변죽만 울리는 꼴이다. 교사연수를 통해 교사의 역량을 향상시키려 하였으나 학생의 학습문제가 더 심각해지는 현실을 보면, 교육에 대한 관점의 전환이 필요한 시점임을 알 수 있다. 우리나라 학생들은 대부분 대학진학을 목표로 열심히 공부하면서 학창시절을 보내고, 대학진학 후에도 취업하기 위해 열심히 공부한다. 그러나 많은 대학생은 스스로 학습관리를 해 나가야 하는 학습환경 속에서 당혹감과 상실감을 경험한다. 대학 수업에 적합한 학습전략을 가지고 있지 않을 때 더욱 그렇다. 우리는 학업에 적응하지 못하는 대학생을 연구하며, 이러한 문제를 해결하기 위해 초등학생 및 중학생 때부터 학습전략을 익히고 활용하는 것이 중요하다는 것을 알게 되었다. 여러 해 동안 초등학교와 중학교에 학습전략 프로그램을 적용하며 그 효과를 연구하였고, 많은 연구물과 책을 발간하게 되었다. 그리고 기존의 책들을 정리하여 이 책을 재출간하였다.

특히 아직 스스로 학습하는 방법을 모르는 초등학생과 중학생들에게 이 학습전략 프로그램을 권하고 싶다. 또한 학교나 기타 교육기관도 학생들에게 단지 '열심히 공부하라'고 말하기보다는 이 프로그램을 도입하여 아이들이 진정한 꿈을 찾고 그 꿈을 달성하는 방법을 익히도록 도와주기를 권한다.

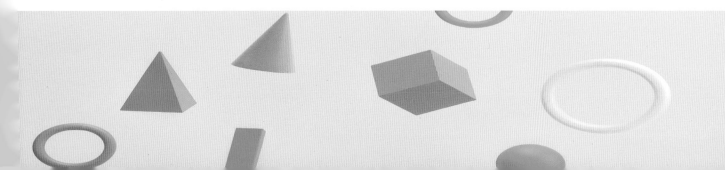

　　이 책은 다음과 같이 구성되어 있다. 첫 권은 시간관리에 관한 것이다. 학습의 양은 실제로 학습한 시간에 정비례한다. 학습하기 위해 사용한 시간이 많을수록 배운 것이 더 많다는 것이다. 여기서 중요한 점은 책상에 앉아 있는 시간이 아니라 집중해서 학습한 시간의 양이다. 목표의식을 잃은 아이들은 학습에 집중하지 못하고 왜 학습해야 하는지도 모른다. 따라서 학습은 시간관리부터 시작해야 한다. 이 책의 안내에 따라 교육받은 학생은 자신의 꿈을 찾는 것과 그 꿈을 이루기 위해 시간을 효과적으로 관리하는 방법을 배우게 될 것이다.

　　둘째 권의 집중전략 부분에서는 집중이 잘되는 환경을 만들고, 집중력을 높이는 다양한 방법이 소개되어 있다. 이 책에서는 학생들이 자신의 어떤 집중력이 부족한지 파악하고 그것을 극복하는 방법을 배우게 될 것이다.

　　셋째 권은 기억전략의 내용을 담고 있다. 아무리 많은 시간 동안 집중해서 공부했더라도 자고 나서 그것을 잊어버린다면 정말 안타까울 것이다. 따라서 배운 것을 잘 기억하는 방법을 익히면 그렇지 않은 학생에 비해 더욱 학업성취도를 높일 수 있을 것이다.

　　넷째 권의 읽기전략 부분에서는 사칙연산이라는 신선한 접근법을 통하여 읽기전략을 쉽게 가르치고 배울 수 있다. 특히 대부분의 학생들이 어려워하는 추론하면서 읽기 부분을 세분화하여 단계별로 학습할 수 있도록 구성하였다.

　　다섯째 권의 시험관리는 평소 공부습관과 시험에 대한 태도부터 시험 직전까지의 준비와 실제 시험상황 그리고 시험 후의 분석까지 체계적으로 알려주고 있다. 또 시험불안에 대한 정도를 알아보고 이를 극복할 수 있는 방안까지 제시하고 있어서 시험에 대한 걱정이 많은 학생들에게 도움이 될 것이다.

　　이 다섯 가지의 학습전략 프로그램은 학습컨설턴트나 교사가 학생들에게 쉽게 전달할 수 있도록 수업지도안 형태로 구성되었으므로, 전문가가 학생들에게 쉽게 전달할 수 있는데 조금이나마 도움이 되리라 믿어 의심치 않는다. 많은 이들이 사용해보고 피드백을 연구진에게 전해 준다면, 점차 더 좋은 책으로 발전되리라 확신한다.

　　OECD 국가 중 행복지수에서 우리나라가 항상 하위권에 머무르고 있다. 더구나 학생들의 행복지수는 거의 꼴등에 가까운 것이 현실이다. 따라서 이 책을 통해 많은 아이들이 학습에 있어서 진정한 행복을 느낄 수 있기를 진심으로 바라는 바이다. 끝으로 이 연구결과물이 나올 수 있게 도움을 주신 많은 분들께 감사의 말을 전한다.

저자를 대표하여　김 정 섭

목 차

학습전략 프로그램 안내

CHAPTER 00

학습전략 프로그램 안내
Information of Learning Strategy Program

1. 개요

학습전략 프로그램은 학교기반 학습컨설팅 과정(윤채영, 김정섭, 2015)에 따라 초등학교와 중학교에 적용했던 현장연구를 기반으로 수정·보완한 것이다. 본 프로그램은 진단에 근거하여 학생들의 특성에 맞게 맞춤형으로 적용되었고, 학교마다 학생들의 다양한 학습전략 수준과 학습문제 유형 및 특성에 따라 다르게 구성된 프로그램이 적용되었다. 예를 들어, A초등학교에서는 읽기와 시간관리를 주로 다루는 프로그램이 운영되었고, B초등학교에서는 학생들의 진단결과와 담당교사의 요청에 따라 시간관리 프로그램만 운영되었다. C초등학교에서는 집중력과 기억력을 주로 다루는 프로그램, D와 E초등학교에서는 전반적인 학습전략의 이해를 안내하는 방식의 프로그램이 운영되었다. 또한 F중학교에서는 학습부진학생들을 대상으로 방과후 수업에 처치 목적으로 운영되었고, G중학교에서는 학급단위 전체 학생들을 대상으로 창의적 체험활동 수업에 예방 목적으로 운영되기도 하였다.

본 연구팀이 학교현장에 프로그램을 적용해 본 경험으로 알게 된 것은,

첫째, 학교에서 연구팀에 의뢰하는 학생들은 대다수 학습습관이 형성되지 않아 학습부진이 발생한 학생들이었다. 이들은 전반적으로 학습전략에 대한 이해와 실천이 부족하므로 이 두 가지를 병행하는 프로그램을 제공할 필요가 있었다. 또한 몇 가지 활동으로만 흥미를 주는 기존 학습전략 프로그램으로는 이러한 학생들의 학습습관을 변화시키기가 어려웠다. 학습전략 프로그램을 방과후 수업이나 창의적 체험활동 시간을 통해 한 주에 한 번씩 운영하여 학습습관의 지속성을 높이고, 그 내용을 다른 교과 담당교사나 교과보충 담당교사에게 전달하여 교과학습에서 학습전략을 사용할 수 있는 기회를 제공할 필요가 있었다.

둘째, 학업성취 수준이 낮은 학생들은 크게 두 가지 유형으로 나누어졌다. 먼저 학습문제가 쉽게 관찰되는 유형은 행동의 문제를 가진 학생들이었다. 이 학생들은 시간관리나 주변 환경관리가 잘 안되고, 주의력 부족으로 인해 학습저해행동을 자주 했다. 반면 학습문제가 잘 드러나지 않는 유형은 인지적 문제를 가진 학생들이었다. 성실하고 과제수행에 지체가 없으며 수업저

해행동을 하지 않는 착실한 학생이지만, 글 이해나 기억력 수준이 낮은 학생들이었다. 즉, 학습행동의 변화를 필요로 하는 학생과 인지적 학습활동에 대한 처치가 요구되는 학생으로 구분되었다.

셋째, 학업성취수준이 낮은 학생은 지나치게 자신을 과대평가하거나 과소평가하는 경향을 보였다. 이로 인해 자신에 대한 인식이 정확하지 않아 자기보고식 진단검사 외에도 교사의 관찰이나 학생의 실제 수행능력을 분석하여 학습문제를 진단하는 것이 필요하였다. 또한 자기평가와 자기점검의 능력을 향상시키기 위해 초인지 전략을 훈련시킬 필요가 있었다.

넷째, 학습전략 사용수준은 학년에 따라 구별되는 것이 아니었다. 초등학생이라 하더라도 학습전략 사용수준이 최상인 학생이 있는 반면, 중학생인데도 학습전략 사용수준이 낮은 학생들이 많았다. 따라서 학생의 학습전략 사용수준을 파악하여 그에 맞는 처치를 할 수 있도록 기초수준부터 심화수준까지 수준별 프로그램을 제작할 필요가 있었다.

다섯째, 공부를 많이 하지만 학업성적이 낮은 학생들은 기초 기억전략(시연, 정교화 전략, 조직화 전략, 파지 및 회상 등)을 잘 사용하지 못했다. 이에 따라 기존 학습전략 프로그램과 같이 집중력이나 기억력을 한두 차시 다루고 넘어가는 것이 아니라, 각 주요 전략들을 집중적으로 다루어 한 영역의 전략들을 학생들이 충분히 이해하고 연습할 수 있도록 구체적인 단계로 나눌 필요가 있다는 것을 알 수 있었다.

마지막으로, 학습전략 프로그램은 집단에 따라 다양하게 구성되었다. 학습전략 프로그램의 목적과 대상 학생의 특성에 따라 학급, 소집단, 개별 단위로 운영될 필요가 있었다.

이런 인식을 토대로 개발한 학습전략 프로그램은,

구체적인 학습전략을 이해하는 활동과 연습하여 익힐 수 있는 실천 활동을 포함한다. 학습전략 프로그램은 학습전략 사용수준에 따라 여러 단계와 내용으로 나누어진 학습모듈 형태이다. 각 모듈은 20분 단위로 제작되었으며, 학생의 수준에 따라 하나 혹은 여러 개의 모듈을 조합하여 사용할 수 있다. 이에 따라 교사나 학습컨설턴트는 참여하는 대상에 맞춰 프로그램을 재구성할 수 있다.

2. 학습전략 프로그램 내용

가. 프로그램의 특징

▌ 학습전략 프로그램은 학습전략 사용수준이 낮은 학생부터 학습전략을 어느 정도 사용하는 학생까지 적용대상을 확대할 수 있도록 전반적인 학습전략을 다루고 있다. 프로그램은 학습전략사용의 수준의 따라 낮은 단계부터 높은 단계의 모듈로 구성되어 있어 어느 수준에 있는 학생이든 그 수준에 맞는 모듈을 취사선택할 수 있도록 되어 있다.

▌ 학습전략 프로그램은 학습전략의 이해 → 실천 → 점검의 과정으로 구성되어 있다. 학생은 학습전략을 사용하는 이유를 먼저 이해하고, 그 이해를 바탕으로 학습전략을 충분히 연습한 후, 학습전략 수준을 스스로 평가하는 과정을 거친다.

▌ 학습전략 프로그램은 학습전략 사용수준이 낮은 학생도 기초 전략부터 순차적으로 익힐 수 있도록 구성되어 있다.

▌ 학습전략 프로그램은 교사나 학습컨설턴트가 프로그램을 구성할 때 목적과 대상에 맞게 예방적 접근과 처치적 접근, 집단과 1:1 개별 적용이 모두 가능하다.

나. 프로그램 내용 모형

본 프로그램은 집중력관리, 학습동기관리, 기억력관리, 시간관리 및 목표설정의 기본 학습전략과 수업관리, 시험관리, 과제관리의 학습상황에서 사용되는 보조 학습전략으로 구성되어 있다.

본 프로그램에서는 학생의 학습습관을 형성하고 동기를 부여하는 목표설정과 시간관리, 과제관리를 하나로 묶어 1) 시간관리 프로그램을 개발하였고, 학업성취가 저조한 주요 원인을 해결하는 동시에 학습의 근간이 되는 2) 집중전략 프로그램과 3) 기억전략 프로그램, 그리고 학습자료 파악에 핵심능력이 되는 4) 읽기전략 프로그램을 포함하였다. 마지막으로 학습에 투여된 노력이 성과로 나타나기 위해서는 시험을 준비하는 방법에 대한 이해와 연습이 필요하다는 연구자들의 현장경험을 반영해 5) 시험관리 프로그램을 포함시켰다. 수업 관리는 집중전략과 기억전략의 4단계에 포함하였다. 이에 본 학습전략 프로그램은 5개 영역(① 시간관리, ② 집중전략, ③ 기억전략, ④ 읽기전략, ⑤ 시험관리) 으로 구성되었다.

촉진기술인 관찰, 칭찬, 성찰은 교사나 학습컨설턴트가 프로그램을 진행하거나 전문성을 함양하는데 요구되는 기술이다. 먼저, 관찰은 교사나 학습컨설턴트가 학생들이 학습상황에서 보이는 특성이나 문제를 파악하고, 학생의 변화를 면밀히 살핀 후 적절한 처치를 하는데 필요하다. 그리고 학생들의 약점보다는 강점을 칭찬하여 강점을 중심으로 성장해 나갈 수 있도록 하는 것을 지도 목표로 삼아야 할 것이다. 마지막으로 성찰은 프로그램 운영 후 수업방법, 학생과의 상호작용 등을 성찰하여 다음 프로그램을 개선시켜 나가야 한다.

본 프로그램을 운영하는 교사나 학습컨설턴트는 목표설정, 시간관리, 집중전략, 기억전략, 읽기전략과 같은 기본적 학습전략을 익혀 수업이나 시험, 과제 수행 등 특정상황에 적절한 학습전략을 사용할 수 있도록 학생을 지도해야 한다. 그리고 그 지도 과정에 관찰, 칭찬, 성찰의 촉진기술을 사용하여 학생들과 긍정적으로 상호작용하며 프로그램 운영과정을 적절히 변화시켜 나갈 수 있는 전문성을 겸비해야 한다.

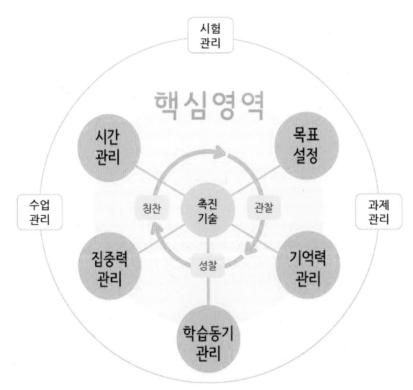

[그림 1] 자기주도적 학습역량강화

다. 프로그램 모듈 구성 모형

과정 \ 단계		전략 수준의 단계			
		1단계	2단계	3단계	4단계
전략 습 득 과 정	이해				
	실천				
	점검				

학습전략 사용에 결손을 가진 학생이 학습전략을 효과적으로 익히는 과정은 이해 → 실천 → 점검이다. 학습전략 습득과정은 학습전략에 대해 이해하고, 실제 연습해 보면서 전략을 제대로 사용한 것인지 점검을 통해 자신에게 맞는 학습전략을 익히는 것이다.

학습전략 프로그램은 학습전략 수준이나 과정에 따라 단계별로 되어 있다. 집중전략, 기억전략, 읽기전략 영역은 1~4·5단계로 나눠 있다. 하위 수준인 1단계에서 점차 수준이 높아지도록 되어 있고, 마지막 단계에서는 학습상황에 맞게 앞서 배운 전략을 종합하여 적용해 보도록 되어 있다. 시간관리와 시험관리는 단계를 수준이 아니라, 절차적 과정으로 나눠 1단계에서 4단계까지 진행되면서 일련의 시간관리나 시험관리 과정과 전략을 익히도록 되어 있다.

라. 프로그램의 영역별 모듈 구성

1) 시간관리

영역	주제에 따른 모듈	단계			
		1단계	2단계	3단계	4단계
시간 관리	주제	꿈 찾기 〈진로〉	꿈을 위한 준비하기 〈시간계획〉	꿈으로 가는 시간 만들기 〈시간의 중요성 인식〉	꿈을 향해 나아가기 〈시간계획의 실천〉
	모듈 1	[이해] 나는 미래에 어떤 모습일까?	[이해] 꿈을 이루려면 무엇을 해야 할까?	[이해] 시간관리는 왜 중요할까?	[이해] 시간 낚시하기
	모듈 2	[이해] 꿈 주령구 만들기	[이해] 꿈을 이루기 위한 일주일 계획 세우기	[이해] 꿈을 이룬 위인들의 시간관리 엿보기	[이해] 시간 매트릭스
	모듈 3	[이해] 다양한 직업 알기	[이해] 꿈으로 가는 하루 3시간+ 계획표 작성하기	[이해] 시간개념 알아보기	[실천 및 점검] 시간 사용 점검하기
	모듈 4	[이해] 꿈 나무 만들기 (모둠활동)		[이해] 나의 하루 살펴보기	[실천 및 점검] 미루기 극복하기
	모듈 5	[이해] 꿈 지도 만들기 (개별활동)			

2) 집중력

영역	단계 / 주제에 따른 모듈	단계			
		1단계	2단계	3단계	4단계
집중력	주제	집중이 잘되는 환경 만들기 〈환경관리〉	청각적 주의집중력 〈기초수준의 집중력 훈련〉	시각적 주의집중력 〈기초수준의 집중력 훈련〉	학습 주의집중력 〈심화수준의 집중력 훈련〉
	모듈 1	[이해] 집중력이란 무엇일까?	[이해] 청각적 주의집중력이란 무엇일까?	[이해] 시각적 주의집중력이란 무엇일까?	[이해] 수업에서 주의집중력 관리하기
	모듈 2	[이해] 나의 공부환경 알아보기	[연습활동] - 2.2. 동요 듣고 가사 따라 그리기 - 2.3. 오른손, 왼손 게임, 숫자 더하기 게임하기 - 2.4. 듣고 기억하기 - 2.5. 모눈종이 그리기 - 2.6. 귓속말 전달하기 - 2.7. 이야기 듣고 답하기	[연습활동] - 3.2. 서로 다른 부분 찾기 - 3.3. 숨은 글자 찾기 - 3.4. 숨은 그림 찾기 - 3.5. 거울 그림 그리기 - 3.6. 패턴 인식하기·패턴 기억하기 - 3.7. 이야기 읽고 답하기	[연습활동] 집중해서 읽은 내용 정리하기
	모듈 3	[이해] 집중이 잘 되는 환경 만들기			[연습활동] 집중해서 보고 들은 내용 정리하기
	모듈 4	[이해] 집중이 잘 되는 마음가짐			[실천 및 점검] 학습 주의집중력 점검하기
	모듈 5	[실천 및 점검] 집중 환경 점검하기	[실천 및 점검] 2.8. 청각적 주의집중력 점검하기	[실천 및 점검] 3.8. 시각적 주의집중력 점검하기	

3) 기억력

영역	단계 / 주제에 따른 모듈	단계			
		1단계	2단계	3단계	4단계
시간 관리	주제	기억의 과정과 작업기억전략	기초 장기기억전략	심화 장기기억전략	수업장면에서 기억력 관리
	모듈 1	[이해] 기억력이란 무엇일까?	[이해] 끼리끼리 모아서 외우기	[이해] 이야기 만들어 외우기	[실천 및 점검] 수업장면에서 기억력 관리
	모듈 2	[연습활동] 작업기억력 높이기	[이해] 첫 글자만 모아서 외우기	[이해] 표 만들어 외우기	
	모듈 3	[연습활동] 보고보고 또 보면서 외우기	[이해] 머릿속에 그려서 외우기	[이해] 서로서로 연결해서 외우기	
	모듈 4	[연습활동] 싹둑싹둑 잘라서 외우기			

4) 읽기전략

영역	단계 / 주제에 따른 모듈	1단계	2단계	3단계	4단계	5단계
시간 관리	주제	글의 의미대로 나누기 〈읽기의 사칙연산; 나눗셈(÷)〉	글의 의미에 맞게 연결하기 〈읽기의 사칙연산; 덧셈(+)〉	글의 핵심의미만 오려내기 〈읽기의 사칙연산; 뺄셈(-)〉	글의 행간의미 배가하기 〈읽기의 사칙연산; 곱셈(×)〉	글 읽기의 실제 〈읽기 전·중·후 전략 익히기〉
	모듈 1	[이해] 글이란 무엇이고, 어떻게 구성되어 있을까?	[이해] 글은 어떻게 연결되어 있을까?	[이해] 글에서 중요한 내용은 무엇일까?	[이해] 숨은 의미를 어떻게 찾을까?	[이해] 글을 읽기 전, 무엇을 해야 할까?
	모듈 2	[연습활동 1수준] 문장을 의미중심으로 나누기	[연습활동] 문장 연결하기	[연습활동 1수준] 제목, 중심내용, 세부내용 구분하기	[연습활동 1수준] 숨은 의미 찾기	[연습] 글 이해 전략 익히기
	모듈 3	[연습활동 2수준] 문단을 의미중심으로 나누기	[연습활동] 문장 이어주는 말 찾기	[연습활동 2수준] 제목, 중심내용, 세부내용 연결하기	[연습활동 2수준] 숨은 의미 상상하기	[실천 및 점검] 글 이해 전략 실천하기
	모듈 4	[실천 및 점검] 읽기의 나눗셈 실천하기		[연습활동 3수준] 제목, 중심내용, 세부내용 구분하고 요약하기		

5) 시험관리

영역	주제에 따른 모듈	1단계	2단계	3단계	4단계
집중력	주제	시험준비 방법 알기	시험준비 시작하기 〈행동 조절〉	시험불안 극복하기 〈정서조절〉	시험치기 전략 알기 〈인지조절〉
	모듈 1	[이해] 시험관리란 무엇일까?	[이해] 목표점수는 어떻게 정할까?	[이해] 시험불안이란 무엇일까?	[이해] 시험치기 전략이란 무엇일까?
	모듈 2	[이해] 공부습관 알아보기	[이해] 시험범위 확인과 시험공부 방법 정하기	[이해] 시험불안 수준 알아보기	[실천] 시험치기 전략 활용하기
	모듈 3	[이해] 시험준비 방법 알아보기	[이해] 공부시간 계산하기	[이해] 시험불안 극복 방법 1	[점검] 시험결과 분석하기
	모듈 4		[이해] 시험계획 세우기	[이해] 시험불안 극복 방법 2	[점검] 오답노트 작성하기
	모듈 5				[점검] 시험 후 다짐하기

마. 프로그램 활용자료

1) 수록된 수업 자료

본 프로그램은 교사나 학습컨설턴트가 바로 활용할 수 있는 수업자료가 함께 제공된다. 제공되는 자료는 수업지도안 및 교사용 활동지, 수업용 파워포인트 자료가 첨부되어 있다. 단, 답안이 표시되지 않은 학생용 활동지는 학생들이 학생용 워크북을 구입하여 사용하도록 하고 있다.

○ 수업 지도안 및 교사용 활동지
○ 수업용 파워포인트(PPT) 자료

2) 기타 준비물(권장사항)

기타 준비물로 모둠활동에 필요한 준비 자료가 수업용 지도안에 상세히 표기되어 있다. 수업 전에 지도안을 꼼꼼히 확인하여 명시된 모둠 준비물(예: 도화지, 색연필, 종, 주사위 등)을 미리 준비해 두는 것이 좋다. 학생들의 동기부여를 위해 외적 보상인 스티커나 사탕, 혹은 가벼운 상품 등을 준비할 수 있다.

○ 모둠활동 준비물
○ 간단한 강화물

3. 학습전략 프로그램 활용방법

학습전략 프로그램에는 학습전략의 5개 영역(시간관리, 집중력, 기억력, 읽기, 시험관리)이 학습전략의 습득과정과 단계에 따른 모듈로 제시되어 있다. 단계별 모듈구성의 장점은 교사나 학습컨설턴트가 관찰이나 심리검사 결과로 알게 된 학생의 문제를 해결하기 위한 프로그램을 할애된 시간에 맞게 구성해서 사용할 수 있는 것이다. 예를 들어 수업시간에 끊임없이 수업저해 행동을 하고 교사의 지시사항을 잘 숙지하지 못하며, 가정에서 과제도 해오지 않는 학생이 있다면 집중전략과 시간관리 프로그램을 학습전략사용 수준에 맞게 구성해서 사용할 수 있다. 프로그램 운영 시간이 충분하지 않은 상황이라면, 집중전략과 시간관리 모듈 중 학생에게 꼭 필요한 모듈만 선별해 자습시간이나 방과후 보충학습시간에 10-20분간 지도해 볼 수도 있다. 또는 학생이 수업 시간에 태도가 좋으며 계획한 대로 학습을 하고 과제도 성실히 잘하지만 학습부진을 겪고 있다면, 읽기전략이나 기억전략 프로그램을 적용해 학습의 인지적 측면을 충분히 사용하도록 지도한다. 이로써 내재적인 학습이 일어나고 그것이 학업성취로 이어지는 재미를 맛보는 경험을 해보도록 한다.

지금까지 본 연구팀의 프로그램 운영 경험에 따르면,

초등학생은 학습전략을 구체적으로 배운 경험이 많지 않고 아직 학습량이 많지 않으며 어려운 과제에 대한 부담이 크지 않아 시간적 여유가 있기 때문에, 여러 영역의 학습전략을 쭉 훑듯 한꺼번에 가르치는 것보다 한 학기에 한 영역씩 순차적으로 배워나가는 것이 더 효과적이다(예, 4학년 1학기; 시간관리 → 4학년 2학기; 집중력전략 → 5학년 1학기: 기억력전략 → 5학년 2학기: 읽기전략 → 6학년 1학기: 시험관리). 학습전략을 배우기 시작하는 좋은 시점에 대해 교사나 학습컨설턴트에 따라 생각이 다르겠지만, 본 연구팀은 가능한 초등학교 4학년 이후에 일찍 접하는 것이 좋다는 생각이다. 본 학습전략 프로그램은 초등 4학년부터 배울 수 있는 수준으로 되어 있다. 다만 초등 4학년 학생들에게는 집중력전략과 기억력전략, 시간관리와 같은 학습전략의 기본이자 핵심인 전략을 먼저 지도하도록 추천한다.

프로그램의 운영 목적에 따라 예방적 차원의 접근이라면 앞서 제시한 초등학생의 예시처럼 영역 순서대로 순차적으로 운영하는 것이 바람직할 것으로 생각된다. 하지만 처방적 차원의 접근으로 학생의 특성과 문제점을 정확히 파악하고 있다면 프로그램 모듈을 교사가 선별하여 학생의 학습문제 해결을 위한 단기적 처치를 제공하는 것이 최선일 것이다.

가. 학습전략 프로그램의 학습모듈

학습모듈이란 학습교재 또는 학습교재 개발을 위한 기초자료이다(최동선 외, 2014). 학습모듈은 잘 정의된 프로그램의 전체 구성의 일부분으로, 모듈은 여러 프로그램 구성자에 의해 나눠질 수 있으며 모듈이 서로 모여 하나의 완전한 프로그램이 만들어질 수 있다. 즉, 자율적이고 독립적인 학습단위로써 학습모듈을 생각할 수 있다(Finch & Crunkilton, 1999). 모듈이 어떻게 체계적이고 논리적인 흐름으로 구성되느냐는 그 체계와 논리를 구성하는 사람에 따라 달라질 수 있다.

본 학습전략 프로그램은 시간관리 16개, 집중력전략 25개, 기억력전략 11개, 읽기전략 17개, 시험관리 16개 총 85개 학습모듈로 구성되어 있다. 학습전략 프로그램의 학습모듈은 어떤 프로그램 구성자가 어떤 목적으로 어떤 대상을 위해 모듈을 어떻게 구성하느냐에 따라 모두 다른 학습프로그램으로 완성될 수 있는 구조이다. 이런 학습모듈단위로 학습전략 프로그램이 구성됨으로써 맞춤형 학습전략 프로그램의 구성이 가능하다.

구분	시간관리			
	1단계	2단계	3단계	4단계
이해	모듈 1-1	모듈 2-1	모듈 3-1	모듈 4-1
이해	모듈 1-2	모듈 2-2	모듈 3-2	모듈 4-2
이해, 실천	모듈 1-3	모듈 2-3	모듈 3-3	모듈 4-3
실천	모듈 1-4		모듈 3-4	모듈 4-4
실천, 점검	모듈 1-5			

구분	집중력			
	1단계	2단계	3단계	4단계
이해	모듈 1-1	모듈 2-1	모듈 3-1	모듈 4-1
이해, 실천	모듈 1-2	모듈 2-2	모듈 3-2	모듈 4-2
실천	모듈 1-3	모듈 2-3	모듈 3-3	모듈 4-3
실천	모듈 1-4	모듈 2-4	모듈 3-4	모듈 4-4
실천, 점검	모듈 1-5	모듈 2-5	모듈 3-5	

맞춤형 학습전략프로그램

시간관리 모듈 1-1	시간관리 모듈 1-2, 3	집중력 모듈 1-2	집중력 모듈 2-1, 2
시간관리 모듈 2-1	시간관리 모듈 3-1	집중력 모듈 3-1, 2, 3	집중력 모듈 4-1

기억력 모듈 1-1, 2	기억력 모듈 2-1, 2, 3
기억력 모듈 3-1	기억력 모듈 4-1

구분	기억력			
	1단계	2단계	3단계	4단계
이해	모듈 1-1	모듈 2-1	모듈 3-1	모듈 4-1
이해, 실천	모듈 1-2	모듈 2-2	모듈 3-2	
실천	모듈 1-3	모듈 2-3	모듈 3-3	
실천	모듈 1-4			

[그림 2] 학습모듈단위 맞춤형 학습전략프로그램 구성 방법

나. 맞춤형 학습전략 프로그램 설계 및 운영방법

1) 진단

- 심리검사 실시
- 학생 관찰 및 면담 실시
- 학생의 기존 학습수행내용 분석
- 진단결과 분석
- 문제정의

2) 프로그램 설계

- 문제해결방향과 목표설정
- 문제해결을 위한 학습전략 주제 선정
- 문제해결 수준에 맞는 학습모듈 선정
- 처치프로그램 설계

4) 종결

- 문제해결 및 개선정도 평가
- 프로그램의 목표 부합성 평가
- 학생만족도 평가

3) 프로그램 운영

- 처치프로그램 운영
- 학생 반응 관찰 및 면담
- 프로그램의 문제해결 적절성 여부 점검
  (학생의 변화 관찰 및 운영 성찰)

1) 진단

진단은 표준화된 자기보고식 학습전략검사를 주로 사용한다. 자기 능력에 대한 인식 수준이 높은 학생일 경우에는 자기보고식 검사의 실시만으로도 신뢰 높은 검사결과를 얻을 수 있다. 하지만 자신의 문제를 정확히 인식하지 못하는 학생을 진단할 때는 학생 관찰 및 면담, 또는 기존 학습수행내용을 함께 검토하거나 수행과제를 제시하여 실제 능력을 확인하는 방법을 병행해야 할 것이다. 진단 후 결과를 분석하여 학습전략에 있어 최우선적인 문제를 정의내린다.

[진단 예시] 개별 학생 사례

- 대　상: 중2 학습부진 학생
- 검사지: 학습전략사용능력 진단검사

① 수검된 문항 내용

방과 후 비계획적인 시간 사용 (시간관리)	글의 문단 구분 안 됨 (읽기)

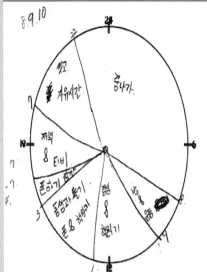

2. 글을 3문단으로 나누어 보세요.

태양계 초기에 지구와 같은 행성의 일부가 되지 못한 소행성의 파편들이 떠돌아다니게 되는데 이를 유성체라고 한다. 지구가 태양 주위를 공전하고 있을 때 지구로 끌려 들어온 유성체는 지구대기와의 마찰로 가열되어 빛나는 유성이 된다. 대부분의 유성체는 상공에서 모두 타서 사라지나 큰 유성체는 그 잔해가 지표면까지 도달하는데, 이것이 운석이다. 운석은 구성 성분에 따라 석질운석, 철질운석, 석철질운석으로 나눌 수 있다. 석질운석은 주로 규산염 광물로 이루어진 운석이고, 철질운석은 철과 니켈의 합금으로 이루어진 운석이며, 석철질운석은 규산염 성분과 철질 성분이 섞여있는 운석이다. 운석은 대기권을 진입하면서 고온에 노출되어 검은 빛의 외관을 가지며, 종류에 따라 독특한 내부구조가 나타나기도 한다. 운석 중에서 가장 많은 부분을 차지하고 있는 석질운석은 콘드라이트와 어콘드라이트의 종류로 구분되는데 이 중 콘드라이트에서는 우주공간에서 녹았던 암석이 둥근 구슬 모양으로 식은 콘드룰 구조가 나타난다. 철질운석에서는 빗살모양의 비드만스태튼 무늬 구조가 나타나며, 석철질 운석에서는 석질과 철질이 섞여 아름다운 팔라사이트 구조가 나타난다.

청킹 전혀 안됨 (기억력)	주말에 학습활동이 이루어지지 않고 있음 (시간관리)	시각 집중력 수준 낮음 (주의집중력)

글의 문단 구분 안 됨 (읽기)	단기 기억은 좋으나 분류 안 함 (기억력)

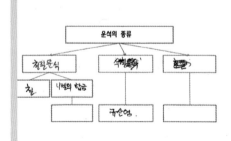

② 진단결과

목표 및 시간관리 (하)	목표유무	개념인식	구체성	효과성	
	있음	있음	있음	없음	

주의집중력 (하)	시각집중력		청각집중력		듣고 핵심 이해
	하		하		하

기억력 (중)	기억 용량	분류	유추 표상	상징표상	청킹	장기기억 전략사용	작업 기억	처리속도
	상	사용 안함	사용수준 비슷		하	사용하지 않음	상	상

읽기능력 (하)	읽기 장애	전체 내용 이해와 정리	문맥 이해력	
	없음	주제파악 안됨	하	

③ 문제정의

진단결과에 따르면, 전반적인 학습전략 사용수준이 낮은 편이다. 처치전략 투입 기간이 2개월인 점을 고려하여 가장 시급한 전략부터 개입하는 것으로 학교 측과 논의하였다. 가장 먼저 처치할 000학생의 학습전략 주제는 집중력과 기억력이었다. 구체적인 문제는 다음과 같다.

첫째, 청각적 집중력이 낮은 수준이다. 공부를 시작할 때, 주의를 기울여 정보를 파악하고 머리에 그 내용을 입력하는데 시간이 걸리는 편이다. 이야기를 한번 들은 후, 한 번 더 이야기를 들려줄 때 선택적 주의를 기울여 필요한 정보를 습득하는 전략이 부족하다. 수업 시간에 집중해서 듣는 편이라고 스스로 생각하고 있지만, 정보파악과 저장은 많이 하지 못하고 있다. 따라서 정보파악 수준을 높이려면 집중이 필요하다는 것을 인식시켜 줄 필요가 있다. 또한, 처음에 정보가 들어올 때 전체적인 맥락을 파악하고 요구되는 정보에 주의를 기울이는 전략을 가르칠 필요가 있다고 판단된다.

둘째, 시각적 집중력이 전반적으로 낮은 수준이고 읽기능력이 부족하다. 읽은 것을 정확히 파악하고 분류하여 조직화하는 능력 수준을 높일 필요가 있다.

셋째, 단기기억력은 좋은 편이나 효율적인 기억전략을 사용하지 못하고 있어 장기기억으로 저장이 잘 되지 않고 있다.

[진단 예시] 집단 사례

- 대 상: 초등 6학년 학생 18명
- 검사지: 주의집중능력 검사

① 진단결과

영역 / 대상	전체	시각주의력	청각주의력	학습집중력	지속적집중력	정보처리속도
김OO	16(매우부족)	2(다소부족)	3(다소부족)	5(다소부족)	6(다소부족)	78(또래평균)
김OO	21(다소부족)	10(매우우수)	5(또래평균)	5(다소부족)	1(매우부족)	50(매우느림)
이OO	22(다소부족)	7(다소우수)	6(또래평균)	5(다소부족)	4(매우부족)	62(다소느림)
진OO	23(다소부족)	5(또래평균)	4(다소부족)	8(또래평균)	6(다소부족)	77(또래평균)
김OO	26(또래평균)	8(다소우수)	4(다소부족)	5(다소부족)	9(또래평균)	
박OO	20(다소부족)	2(다소부족)	4(다소부족)	6(다소부족)	8(또래평균)	51(매우느림)
이OO	28(또래평균)	8(다소우수)	9(매우우수)	4(다소부족)	7(다소부족)	45(매우느림)
김OO	19(다소부족)	6(또래평균)	8(다소우수)	1(매우부족)	4(매우부족)	64(다소느림)
서OO	20(다소부족)	6(또래평균)	4(다소부족)	4(다소부족)	6(다소부족)	50(매우느림)
최OO	24(다소부족)	9(매우우수)	5(또래평균)	4(다소부족)	6(다소부족)	61(다소느림)
김OO	16(매우부족)	1(매우부족)	6(또래평균)	6(다소부족)	3(매우부족)	45(매우느림)
천OO	16(매우부족)	4(다소부족)	3(다소부족)	2(매우부족)	7(다소부족)	69(다소느림)
임OO	16(매우부족)	5(또래평균)	3(다소부족)	3(매우부족)	5(다소부족)	56(다소느림)
황OO	20(다소부족)	6(또래평균)	2(매우부족)	1(매우부족)	11(다소우수)	96(다소우수)
박OO	20(다소부족)	4(다소부족)	1(매우부족)	7(또래평균)	8(또래평균)	78(또래평균)
이OO	22(다소부족)	3(다소부족)	3(다소부족)	5(다소부족)	11(다소우수)	61(다소느림)
허OO	18(다소부족)	5(또래평균)	4(다소부족)	3(매우부족)	6(다소부족)	49(매우느림)
전OO	19(다소부족)	4(다소부족)	5(또래평균)	2(매우부족)	8(또래평균)	65(다소느림)

② 문제정의

진단결과, 집중력 수준이 다소 낮은 편이다. 특히 청각적 주의력과 학습 집중력이 낮으며, 정보처리속도가 느린 편이라 정보양이 많을 때 학습 집중력과 집중력 유형이 함께 떨어지는 편이다. 따라서 이 학생들의 경우, 기초수준의 집중력이 요구되며, 정보처리속도가 느린 것을 보완하기 위해 작업기억전략 훈련이 함께 처치될 필요가 있다.

2) 프로그램 설계

문제를 해결하기 위한 방향과 목표를 정하고, 문제해결을 위한 효과적인 학습전략 주제를 정해 대상의 수준에 맞는 학습모듈을 선정하여 처치프로그램을 설계한다.

프로그램 설계를 위해서는 주어진 상황과 학생의 해결문제를 알아야 한다. 다음 질문에 답을 해보면서 상황과 문제를 파악할 수 있다.

☐ 문제를 해결하기 위해 처치해야 할 주요 주제영역은 무엇인가?

☐ 문제해결 방향은 무엇인가?

☐ 의뢰대상의 규모(개별, 집단)는 어떠한가?

☐ 얼마동안 프로그램을 운영할 수 있는가?

☐ 어떤 시간에 프로그램을 운영하는가?

☐ 어느 장소에서 프로그램을 운영하는가?

[프로그램 설계 예시]

∘ 문제영역: 기초수준의 집중력 훈련과 시험관리 중 시험준비과정 연습

∘ 문제해결방향: 기초수준의 청각과 시각적 주의력 훈련으로 시작하여, 작업기억 향상을 위한 시연, 청킹전략을 배우고 충분히 연습하도록 한다(진단결과를 통한 방향도출). 초등학교 6학년이지만 시험준비를 체계적으로 해본 경험이 없으므로 중학교 진학을 앞두고 시험관리방법을 배워 학업성취가 향상되는 경험을 해 볼 수 있도록 한다(담당교사의 요구).

∘ 의뢰대상: 초등학교 6학년 학습부진 18명 학생

∘ 프로그램 운영기간: 8주간 16차시

∘ 운영시간: 수요일 방과후 수업

∘ 장소: 과학실

◦ 처치프로그램 설계 내용

회기	차시	학습전략 영역	주제	학습모듈	
1	1 (40분)	집중력	청각적 주의집중력	모듈 2.1 [기초수준] 청각적 주의집중력 이해 (20분)	⇨ 모듈 2.2 [기초수준] 동요 듣고 가사 따라 그리기 (20분)
	2 (40분)	기억력	기억의 과정과 작업기억전략	모듈 1.2 [기초수준] 작업기억력 높이기 (20분)	⇨ 모듈 1.3 [기초수준] 보고보고 또 보면서 외우기 (20분)
2	3 (40분)	복습	기초 집중력과 기억력 복습	청각주의력 모듈 2.1 & 2.2 복습 유사한 학습활동 연습 (20분)	⇨ 기억력 모듈 1.2 & 1.3 복습 유사한 학습활동 연습 (20분)
	4 (40분)	집중력	청각적 주의집중력	모듈 2.4 [기초수준] 듣고 기억하기 (20분)	⇨ 모듈 2.5 [기초수준] 모눈종이 그리기 (20분)
3	1 (40분)	기억력	기초 장기기억전략	모듈 2.1 [기초수준] 끼리끼리 모아서 외우기 (20분)	⇨ 모듈 2.3 [기초수준] 머릿속에 그려서 외우기 (20분)
	1 (40분)	집중력	시각적 주의집중력	모듈 3.3 & 3.4 [기초수준] 숨은 글자와 그림 찾기 (내용 추려 20분간)	⇨ 모듈 3.6 & 3.7 [기초수준] 패턴인식하기, 이야기보고 답하기 (내용 추려 20분간)
4	1 (40분)	기억력	기초 → 심화 장기기억전략	모듈 2.2 [기초수준] 첫 글자만 모아서 외우기 (20분)	⇨ 모듈 3.1 [심화수준] 이야기 만들어서 외우기 (20분)
	1 (40분)		심화 장기기억전략	모듈 3.2 [심화수준] 표 들어서 외우기 (20분)	⇨ 모듈 3.3 [심화수준] 서로서로 연결해서 외우기 (20분)
5	1 (40분)	기억력	수업장면에서 기억력 관리(수업관리)	모듈 3.2 [심화수준] 수업장면에서 기억력 관리(20분)	⇨ 유사한 학습활동 연습 (20분)
	1 (40분)	집중력	수업장면에서 집중력 관리(수업관리)	모듈 4.1 [심화수준] 집중해서 읽은 내용 정리하기 (20분)	⇨ 모듈 4.2[심화수준] 집중해서 보고 들은 내용 정리하기 (20분)
6	1 (40분)	시험관리	시험준비방법 알기	모듈 1.1 시험관리란 무엇일까? (20분)	⇨ 모듈 1.3 시험준비방법 알아보기 (20분) – 과제제시 모듈 1.2 공부습관 알아보기
	1 (40분)	시험관리	시험준비 시작하기	모듈 2.1 & 2.2 목표점수는 어떻게 정할까? 시험범위와 학습자료	⇨ 모듈 2.3-5 공부시간 계산하기 시험계획세우는 방법 이해

회기	차시	학습전략 영역	주제	학습모듈		
				확인하기 (내용 추려 20분간)		– 과제제시 시험계획 세우기
7	1 (40분)	시험관리	시험불안 극복하기	모듈 3.2 시험불안 수준 알아보기 (20분)	⇨	모듈 3.3 시험불안 극복방법 1 (20분)
	1 (40분)		시험치기 전략 알기	모듈 4.2 시험치기 전략 활용하기 (20분)	⇨	시험치기 전략 연습(모의시험) (20분)
8	1 (40분)	시험관리	시험치기 전략 알기	모듈 4.3 시험결과 분석하기 (20분)	⇨	모듈 4.5 시험 후 다짐하기 (20분)
	1 (40분)	마무리	점검	점검표 작성	⇨	그동안 프로그램 참여 소감 나누기

3) 프로그램 운영

학생에게 프로그램 진행 취지를 설명하고 프로그램의 운영목적을 이해시킨다. 프로그램을 운영하면서 학생들의 반응을 파악한다. 지속적으로 학생들의 반응과 변화를 관찰하고 면담을 나눈다. 프로그램을 운영하면서 학생에게 목표하는 긍정적 변화가 보이지 않을 때는 설계된 프로그램이 적절한지 검토하고 프로그램 내용이나 수업전략 등을 수정하면서 운영해 나간다.

4) 종결

프로그램이 얼마나 효과적이었는지 검사도구나 만족도 체크리스트, 면담 등의 방법으로 조사하고 분석한다. 문제가 해결되었는지, 프로그램이 목표에 부합했는지 검토한다. 이후 프로그램 효과 평가 결과를 목적과 상황에 맞게 작성하여 학교관계자에게 보고하고 그 내용을 논의한 후 종결한다.

기억의 과정과 작업기억전략

기억의 과정과 작업기억전략

◉ 기억은 감각기억-작업기억-장기기억의 과정을 거쳐 머릿속에 저장되므로, 각 기억의 특징을 잘 이해할 필요가 있다. 기억은 정보 보유 방법과 정보 유지 시간에 따라 감각기억, 작업기억, 장기기억으로 구분할 수 있다. 감각기억은 시각, 청각, 촉각, 미각, 후각의 감각기관으로 받아들인 정보를 단 몇 초 동안만 저장할 수 있고 그 중 아주 일부만 작업기억으로 간다. 작업기억은 바로 이 순간 우리가 노력으로 만들어 낼 수 있는 기억이다. 그래서 공부할 때 중요한 기억이기도 하다. 만약 책을 눈으로 보기만 하고, 수업을 귀로 듣기만 하면 기억에 남는 것은 거의 없다. 작업기억을 만들기 위해서는 반복해서 외우고, 다시 떠올려보고, 표를 만들어 보는 방법으로 공부해야 한다. 이렇게 노력해서 만들어진 작업기억은 영원히 머릿속에 저장되어 언제든 필요할 때 쓸 수 있는 장기기억이 된다. 이때 기억해야 할 내용들이 핵심단서로 잘 정리되면, 인출단서가 되어 작업기억으로 쉽게 떠오른다.

◉ 제1장은 작업기억에 들어온 정보를 처리하는 기초 기억전략을 연습하게 되어 있다. 이 장에서는 작업기억에 들어온 정보를 유지하도록 돕는 시연전략과 5개에서 9개 수준으로 제한된 작업기억의 용량을 효율적으로 활용하도록 하는 청킹전략을 연습할 수 있다.

◉ 제1장은 기억전략의 가장 기초단계에 해당하므로 학습수준이 낮거나 기억전략을 사용하지 못하는 학습자에게 각 모듈의 활동들을 선택해서 훈련하면 효과적일 것이다.

목표

◉ 기억의 과정과 감각기억, 작업기억, 장기기억의 개념을 알 수 있다.

◉ 시연전략과 청킹전략을 활용할 수 있다.

◉ 작업기억력을 높인다.

준비물

◉ 교사용 지도안 및 활동지, 학생용 활동지, 수업용 PPT, 시계(타이머)

모듈 1.1
기억력이란 무엇일까?

준비물	소요시간
수업용 PPT, 학생용 활동지	20분

활동내용

■ 기억력 이해하기

① "기억력이란 무엇일까요?" 라고 질문한다.

　◦ 기억력: 과거의 경험이나 인상 등을 의식 속에 간직하는 능력

② 자신이 기억을 잘한다고 생각하는 학생이 있는지 손을 들어보게 한다.

　손을 든 학생에게 얼마나 기억을 잘하는지, 기억을 잘하는 이유가 무엇인지 물어본다.

③ "세상에서 기억을 가장 잘하는 사람은 누구일까요?" 라고 질문한다.

　◦ 에란 카츠: 500자리 숫자를 한 번에 듣고 외워 1998년에 기네스북에 오른 사람

④ 에란 카츠의 기억력이 좋은 이유는 연습을 많이 했기 때문이라고 알려주며, 기억력은 효과적인 방법을 알고 훈련하면 좋아질 수 있다고 설명한다.

■ 〈기억력에 관한 오해와 진실〉 ○, X 퀴즈를 통해 알아보기

① 다음 5가지 질문을 하고 손으로 ○, X를 표시하게 한다.

　1) 나이가 들면 기억력이 나빠진다(X)

　2) 복습하면 기억이 오랫동안 지속된다(○)

　3) 하품과 기지개는 기억력에 도움이 된다(○)

　4) 기억력과 기분은 아무런 상관이 없다(X)

　5) 기억력은 훈련해도 좋아질 수 없다(X)

활동내용

■ **기억의 과정 알아보기**

① [학생용 활동지 활동 1]을 나누어 준다.

② "우리는 여러 가지 정보들을 어떻게 기억하는 것일까요?"라는 질문을 하고 의견을 듣는다.

③ 기억의 과정에 대해 설명한다.

"기억의 종류에는 감각기억, 작업기억, 장기기억 세 가지가 있습니다."

◦ 감각기억: 보고, 듣고, 느낀(맛, 촉감) 것이 아주 짧은 시간(1초) 동안 저장되었다가 사라지는 것

◦ 작업기억: 감각기억 중 우리가 중요하게 생각하는 것에 집중하여 짧은 시간(15~20초) 동안 저장하는 것

◦ 장기기억: 작업기억에서 처리한 정보를 오랫동안(몇 시간~수십 년) 저장하는 것

 **Tip**

감각기억으로 들어온 정보를 작업기억에서 처리해서 장기기억으로 보내는데, '작업기억'에서 정보를 효율적으로 처리하지 않으면 장기기억에 저장되기 전에 사라지게 된다고 강조한다.

④ 기억의 과정을 소리 내어 크게 말한 후 활동지에 적게 한다.

◦ 감각기억 → 작업기억 → 장기기억(활동지그림)

⑤ 작업기억에서 특별한 방법으로 정보를 처리하지 않으면 사라진다. 작업기억은 용량이 적기 때문에 배운 내용을 저장하기 위해 내용의 용량을 최대한 줄여서 저장할 필요가 있다고 설명한다.

 "작업기억에서 정보를 처리하지 않으면 기억이 사라져 버린다고 했죠? 우리가 어떤 정보를 받아들일 때 작업기억에서 무작정 많은 정보를 처리할 수 있는 것이 아닙니다. 7±2라는 '마법의 숫자'가 있는데 5~9개 항목 사이의 정보를 가장 잘 기억할 수 있어요. 예를 들어, 우리가 많이 사용하는 휴대폰 번호는 보통 11자리인데, 5~9개 보다 많아서 사람들이 쉽게 기억하도록 앞자리에 010, 011 등의 공통된 번호를 사용합니다. 또한 많은 숫자를 한 번에 외우기 쉽게 '-'를 사용하여 010-1225-3458 로 숫자를 세 덩어리로 만들었어요."

모듈 1.1

기억력이란 무엇일까?

활동 1 다음 내용을 읽어가면서 기억력이란 무엇이며, 기억의 과정은 어떻게 이루어져 있는지 알아봅시다. 그리고 빈칸에 알맞은 답을 넣어보세요.

 기억력이란?

기억력은 과거의 경험이나 인상 등을 의식 속에 간직해두는 능력이다.

 기억의 과정

감각기억 ▶ 작업기억 ▶ 장기기억

감각기억	◦ 정보를 매우 짧은 시간 동안 저장하는 기억 ◦ 시각적 감각기억의 경우는 1초, 청각적 감각기억의 경우는 2초 정도까지 유지
작업기억	◦ 임시 또는 단기간 필요한 정보를 입력하고 저장하여 재생하는 기억 ◦ 약 15~20초 정도 정보가 유지되며 기억용량도 아주 제한되어 있음 ◦ 따라서 특별한 방법으로 정보를 처리하지 않으면 사라지게 됨
장기기억	◦ 정보를 좀 더 오랫동안 보관할 수 있고 무한한 용량을 가진 기억 ◦ 그러나 자주 반복해서 기억하거나 체계적으로 정리해서 가끔씩 재생하지 않으면 잊어버리게 됨

모듈 1.2

작업기억력 높이기

준비물	소요시간
수업용 PPT, 학생용 활동지 1, 2	20분

활동내용

■ 작업기억 이해하기

① 작업기억이 무엇인지 설명한다.

 "작업기억: 기억의 과정에서 현재 주의를 기울여 의식하고 있는 기억을 의미합니다. 작업기억이란 감각기억 중 우리가 중요하게 생각하는 것에 집중하여 짧은 시간(15~20초)동안 저장하는 것을 말합니다."

② 작업기억력이 무엇인지 설명한다.

 "작업기억력이란 무엇일까요? 우리의 뇌가 여러 정보를 머릿속에 동시에 입력하여 처리하는 능력을 말하는데 컴퓨터의 메모리가 크면 클수록 여러 가지 일을 동시에 빠르게 처리하는 것과 비슷한 거에요."

 Tip

컴퓨터의 메모리를 확장할 수 있듯이 우리 뇌에서 정보를 처리하는 능력도 훈련을 통해 충분히 확장할 수 있다는 사실을 강조한다.

활동내용

■ 작업기억의 폭 확장하기

① [학생용 활동지 활동1]을 나누어 준다.

② 작업기억의 폭을 확장하는 연습을 한다.

 "작업기억력은 훈련을 통해 향상시킬 수 있습니다. 지금부터 작업기억력을 높이는 연습을 해 보겠습니다. 들려주는 내용을 잘 듣고 외워서 들은 내용을 활동지의 빈칸에 거꾸로 적어 보세요."

③ 반드시 다 들은 후 답을 적도록 하고 각 문항은 한 번씩만 불러준다.

    다 적은 후 한 명씩 돌아가면서 적은 답을 말하고 다른 학생들과 비교하도록 한다.

④ [학생용 활동지 활동 2, 3]을 순차적으로 나누어 준 후 위와 같은 방법으로 진행한다.

 Tip

활동 1, 2, 3 중 하나를 선택해서 해도 되고 시간이 남으면 활동 1, 2, 3 모두를 활용해도 된다.

모듈 1.2
작업기억력 높이기

활동 1 숫자를 잘 듣고 기억한 후, 숫자를 빈칸에 거꾸로 적어보세요.

09863	42903	19074	98436
36890	30924	47091	63489

421095	401963	743019	539109
590124	369104	910347	201935

321046	603478	237549	398014
640123	874306	945732	410893

1294719	8127405	9638127	5186023
9174921	5047218	7218369	3206815

47380173	02379125	02381638	24361904
37108374	52197302	83618320	40916342

활동 2　들려주는 단어를 잘 듣고 기억한 후, 단어를 빈칸에 거꾸로 적어보세요.

철학	영감	냉정	공급
학철	감영	정냉	급공

축지법	얼룩말	안전모	철부지
법지축	말룩얼	모전안	지부철

인문학	상거래	보리수	경복궁
학문인	래거상	수리보	궁복경

아날로그	골다공증	타산지석	소용돌이
그로날아	증공다골	석지산타	이돌용소

다육식물	고사성어	오카리나	고진감래
물식육다	어성사고	나리카오	래감진고

활동 3 들려주는 숫자와 글자를 기억한 후, 그 내용을 빈칸에 거꾸로 적어보세요.

자12감53 35감21자	8계024시 시420계8	4피35커19 91커35피4	30국125한 한521국03
제201숙7 7숙102제	8모24규0 0규42모8	2모916분 분619모2	3화01대2 2대10화3
9복12의35 53의21복9	73술071기 기170술37	보103정94 49정301보	10면617장 장716면01
모749부05 05부947모	67동591활3 3활195동76	23화60전214 412전06화32	450비5418준 준8145비054
187제4문183 381문4제781	19성508반26 62반805성91	518지4015편 편5104지815	7103만618불 불816만3017

모듈 1.3
보고보고 또 보면서 외우기

준비물	소요시간
수업용 PPT, 학생용 활동지 , 시계(타이머)	20분

활동내용

■ 보고보고 또 보면서 외우기(반복해서 외우는 전략 이해하기)

① [학생용 활동지 활동 1]을 나누어준다. 활동지를 활용해서 시연의 개념을 설명한다.

 "시연이란 무엇일까요? 감각기억에서 들어온 정보를 작업기억에서 여러 번 반복해서 외우는 방법을 말합니다."

② 시연 방법을 설명한다.

 "시연을 잘하려면 어떻게 해야 할까요?"

　◦ 반복해서 소리 내어 외울 수 있어요.

　◦ 마음속으로 반복해서 외울 수 있어요.

　◦ 작은 카드를 만들어서 외울 수 있어요.

③ 시연전략을 사용하면 잘 외울 수 있고, 반복해서 외우는 습관을 기르면 공부를 잘 할 수 있다고 알려준다.

④ 수업용 PPT의 시연전략 보기를 보여주며 단어를 소리 내어 외우도록 한다. 암기카드는 보기 처럼 작게 여러 장 만들어서 들고 다니면서 외울 수 있다고 알려준다.

활동내용

■ <u>보고보고 또 보면서 외워 볼까요?</u>

 **Tip**

[학생용 활동지 활동 2, 3, 4]는 단계별로 구성되어 있으므로 학생수준에 맞추어 교사가 선별하여 사용할 수 있다.

◦ [활동 2: 단어 제시 활동]

이 활동은 간단한 단어를 문자 그대로 기억하여 빈칸에 써 넣는 것이다. 수업용 PPT에 나와 있는 단어를 1분 동안 보여주고 활동지에 적어보게 한다. 다 적은 후에는 활동지를 보지 않고 발표하게 한다. 그 다음 수업용 PPT 화면을 보여주며 어떤 단어들이 있었는지 다 같이 소리 내어 확인한다.

◦ [활동 3: 그림 제시 활동]

이 활동은 그림을 기억하여 문자로 빈칸에 써 넣는 것이다. 수업용 PPT에 나와 있는 그림을 1분 동안 보여주고 그림을 외워서 활동지에 단어로 적어보라고 한다. 다 적은 후에는 활동지를 보지 않고 발표하게 해본다. 그 다음 수업용 PPT 화면을 보여주며 어떤 그림들이 있었는지 다 같이 소리 내어 확인한다.

◦ [활동 4: 문장 제시 활동]

이 활동은 제시된 문장을 기억하여 빈칸에 써 넣는 것이다. 수업용 PPT에 나와 있는 문장을 2분 동안 보여주고 활동지에 그 문장을 적어보게 한다. 마찬가지로 다 적은 후에 활동지를 보지 않고 발표하게 한다. 그 다음 수업용 PPT 화면을 보여주며 어떤 문장이 있었는지 다 같이 소리 내어 확인한다.

모듈 1.3

보고보고 또 보면서 외우기

 활동 1

지금까지 배운 내용을 복습해 보는 시간입니다.
다음 표에 담긴 '시연전략'의 내용과 방법을 되새겨 보세요.

정의	◦ 시연이란 정보를 반복해서 외우는 방법이다.
방법	◦ 기억할 문항을 반복해서 소리 내어 외운다. ◦ 기억할 문항을 마음속으로 반복해서 외운다. ◦ 기억할 문항을 작은 카드로 만들어서 외운다.
장점	◦ 반복해서 암기하면 잘 외울 수 있다. ◦ 반복해서 암기하는 습관을 기르면 공부를 잘 할 수 있다.

보기	암기 카드	
	live	살다
	삼각형의 넓이	밑변×높이×1/2
	모네	인상주의

1단계: 간단한 단어들을 '시연'방법으로 외워보는 연습을 해보겠습니다.

 화면에서 본 단어들을 기억나는 대로 적어보세요.

한복	러시아	반딧불	스웨터	민들레
맥주	달력	연못	세계지도	꿀

 화면에서 본 단어들을 기억나는 대로 적어보세요.

마우스	매미	연필	잔디	유람선
백합	인상	방송국	신문	김치
모래사장	녹차	친구	보리	목욕탕

활동 3   2단계: 간단한 그림들을 '시연'방법으로 외워보는 연습을 해보겠습니다.

 화면에서 본 그림들을 기억나는 대로 적어보세요.

채소(야채)	개구리	노트북	고래	드럼
선물상자	버섯	거북이	망치	사과

 화면에서 본 그림들을 기억나는 대로 적어보세요.

기타	개미	고양이	돋보기	모자
높은음자리	물음표	실로폰	레몬	전자렌지
연필	피자	현미경	소	버스

활동 4 3단계: 문장을 '시연'방법으로 외워보는 연습을 해보겠습니다.

 화면에서 본 문장을 기억나는 대로 적어보세요.

겨울이 왔다면, 봄 또한 멀지 않다.
어려울 때 우리는 가장 많이 성장한다.

 화면에서 본 그림들을 기억나는 대로 적어보세요.

내가 꿈을 이루면 나는 다시 누군가의 꿈이 된다.
우리가 믿는 기적이란 땀 흘린 노력의 결실일 뿐이다.
천재는 노력하는 사람을 이길 수 없다. 하지만, 노력하는 사람도 즐기는 사람을 이기지 못한다.

모듈 1.4

싹둑싹둑 잘라서 외우기

준비물	소요시간
수업용 PPT, 학생용 활동지	20분

활동내용

■ **싹둑싹둑 잘라서 외우기(끊어서 외우는 전략 이해하기)**

① [학생용 활동지 활동 1]을 나누어 준다. 활동지에 나와 있는 보기의 숫자와 문장, 영어 문장을 각 1분 동안 보여준 후 외워보라고 한다. 1분 후 학생들에게 다 외웠는지, 외웠다면 어떻게 외웠는지 물어본다. 오늘 수업에서는 무작정 외우지 않고 좀 더 쉽게 외울 수 있는 방법을 배우게 된다고 안내한다.

② [활동 1]을 활용하여 청킹 방법을 설명한다.
   ◦ 전화번호와 같이 긴 숫자는 3개나 4개로 끊어서 외운다.
     (학생들에게 보기의 숫자를 끊어서 사선을 쳐보라고 한다)
       – 70/700/7000/70000/7000/700/70
   ◦ 문장은 띄어쓰기 중심으로 끊어서 외운다.
     (학생들에게 문장을 띄어쓰기 중심으로 사선을 쳐보라고 한다)
       – 아버지가/죽을/드신다.
   ◦ 영어문장은 단어 중심으로 끊어서 외운다.
     (학생들에게 영어문장을 단어중심으로 사선을 쳐보라고 한다)
       – He/wants/to/be/a/teacher.

③ ②에서 설명한 것처럼 긴 정보를 끊어서 외우는 방법이 청킹전략이라고 알려주고 청킹의 뜻이 '덩어리 짓다'라는 것도 알려준다.

④ 청킹전략의 장점이 무엇인지 설명한다.
   – 작업기억의 용량을 늘일 수 있다.
   – 무작정 외울 때보다 더 잘 외워진다.

활동내용

■ 싹둑싹둑 잘라서 외워볼까요?

 **Tip**

[학생용 활동지 활동 2, 3, 4]는 단계별로 구성되어 있으므로 학생수준에 맞추어 교사가 선별하여 사용할 수 있다. 학생들이 활동을 너무 쉽게 생각하면 그 활동은 몇 개만 다루고 넘어가고, 어렵게 생각하는 부분은 활동을 더 많이 다루면 된다. 가능한 [학생용 활동지 2, 3, 4] 모두 다루는 것이 좋다.

◦ [학생용 활동지 활동 2: 숫자 청킹]

활동지의 숫자를 의미 있게 끊어 보게 한다. 제한 시간은 1분으로 한다. 학생들이 어떻게 끊었는지 확인한 후 수업용 PPT를 보여주며 점검한다.

◦ [학생용 활동지 활동 3: 의미단위 단어 청킹]

활동지의 단어를 의미 있게 끊은 후 시연전략을 사용해서 외우게 한다. 제한 시간은 1분으로 한다. 외운 내용을 수업용 PPT를 보며 확인한다.

◦ [학생용 활동지 활동 4: 의미단위 문장 청킹]

활동지의 문장을 의미 있게 끊은 후 시연전략을 사용해서 외운 후 발표하게 한다. 제한 시간은 1분으로 한다. 외운 내용을 수업용 PPT를 보며 확인한다.

모듈 1.4

싹둑싹둑 잘라서 외우기

 활동 1 지금까지 배운 내용을 복습해 보는 시간입니다.
다음 표에 담긴 '청킹전략'의 내용과 방법을 되새겨 보세요.

정의	◦ 청킹(chunking)이란 정보를 의미 있게 묶어서 외우는 방법이다.
방법	◦ 전화번호와 같이 긴 숫자는 3개나 4개로 묶어서 외운다. ◦ 문장은 띄어쓰기 중심으로 끊어서 외운다. ◦ 영어문장은 단어중심으로 끊어서 외운다.
장점	◦ 청킹전략을 활용하면 기억 용량을 크게 늘일 수 있다. ◦ 청킹전략을 활용하면 무작정 외울 때보다 더 잘 외워진다.

보기	◦ 70700700070000700070070
	   ⇒ 70 / 700 / 7000 / 70000 / 7000 / 700 / 70
	◦ 아버지가죽을드신다.
	   ⇒ 아버지가 / 죽을 / 드신다.
	◦ Hewantstobeateacher.
	   ⇒ He / wants / to / be / a / teacher.

활동 2 l단계: 숫자덩어리 하나를 의미단위 여러 개로 끊어보는 연습을 해보겠습니다.

 다음 숫자를 외우기 쉽게 / 표로 끊어 보세요.

055 / 296 / 3548   051 / 478 / 9024

50 / 500 / 5000 / 500 / 50 / 5

880 / 999 / 1000 / 1001

 다음 숫자를 외우기 쉽게 / 표로 끊어 보세요.

054 / 732 / 8428   033 / 247 / 3537

01 / 001 / 0001 / 00001 / 10000 / 1000 / 100 / 10

699 / 700 / 701 / 702 / 720 / 719 / 718

114 / 115 / 211 / 311 / 411 / 543 / 432 / 321

활동 3　2단계: 글자덩어리 하나를 의미단위 여러 개로 끊어보는 연습을 해보겠습니다.

 다음 단어를 외우기 쉽게 / 표로 끊어 보세요.

의자 / 석고 / 단백질 / 소리

dog / cat / egg / fish

대박 / 수세미 / 나라 / 디지털 / 복숭아

 다음 단어를 외우기 쉽게 / 표로 끊어 보세요.

기차 / 비석 / 탄수화물 / 오징어 / 부엉이

pig / flower / bird / lion / tiger

평양 / 고기 / 술래잡기 / 합창단 / 무지개

desk / pencil / table / book / tree

활동 4　3단계: 한 문장을 의미단위 여러 개로 끊어보는 연습을 해보겠습니다.

 다음 문장을 외우기 쉽게 / 표로 끊어 보세요.

어머니가 / 장구를 / 치신다.

호식이 / 치킨 / 두 / 마리 / 만 / 삼천 / 원
호식이 치킨 / 두 마리 / 만삼천원

오늘 / 밤나무 / 사온다.
오늘밤 / 나무 / 사온다.

 다음 문장을 외우기 쉽게 / 표로 끊어 보세요.

아 / 기다리고 / 기다리던 / 방학이다.
아 / 기다리고 기다리던 / 방학이다.

He / likes / books / but / I / don't / like / books.
He likes books / but / I don't like books.

친구야 / 나 / 물 / 좀 / 다오
친구야 / 나물 / 좀 / 다오

가을이 / 오자 / 석양이 / 유달리 / 붉게 / 빛나고 / 물은 / 더 / 맑아 / 보인다.
가을이 오자 / 석양이 / 유달리 / 붉게 빛나고 / 물은 / 더 / 맑아 보인다.

기초 장기기억전략

CHAPTER 02

기초 장기기억전략

- 장기기억은 작업기억에서 심층적으로 처리한 정보를 긴 시간 동안 저장하는 곳이다. 기억에는 약호화, 저장, 인출이라는 세 과정이 포함된다.

- 제2장은 기초 장기기억전략으로 구성되어 있는데 비슷한 특징을 가진 것들을 묶어서 암기하는 분류기법, 첫 글자를 따서 의미 있는 문장이나 단어를 만들어 암기하는 머리글자 기법, 외워야할 단어나 문장을 머릿속에서 특정한 그림을 그려서 암기하는 이미지 기법의 3가지 전략을 다루고 있다.

- 제2장은 작업기억전략을 다룬 다음, 각 모듈에 있는 활동들을 단계별로 활용하거나 수준에 맞추어 선별적으로 활용할 수 있다.

목표

- 비슷한 항목끼리 묶어서 외우는 방법을 활용할 수 있다.
- 첫 글자만 따서 외우는 방법을 활용할 수 있다.
- 머릿속에 그림을 그려서 외우는 방법을 활용할 수 있다.

준비물

- 교사용 지도안 및 활동지, 학생용 개별 활동지, 수업용 PPT
- 시계(타이머), 색연필

모듈 2.1

끼리끼리 모아서 외우기

준비물	소요시간
수업용 PPT, 학생용 활동지, 색연필	20분

활동내용

■ 끼리끼리 모아서 외우기(비슷한 것끼리 묶어서 외우는 전략 이해하기)

① [학생용 활동지 활동 1]을 나누어 준다. [활동 1]의 보기에 나와 있는 단어 12개(사과, 연필, 풀, 세탁기, 복숭아, 텔레비전, 귤, 청소기, 지우개, 냉장고, 오렌지, 볼펜)를 30초 동안 외워보라고 한다. 30초 후 다 외울 수 있는 학생에게 어떻게 외웠는지 질문한다. 단어를 무작정 외우지 않고 효과적으로 외울 수 있는 방법이 있다고 알려준다.

② [활동 1]의 보기 단어를 활용하여 분류기법의 사용 절차를 설명한다.
　◦ 외워야 할 내용을 비슷한 것끼리 묶는다.
　　(보기의 12개 단어를 비슷한 것끼리 묶어보라고 한다)
　◦ 묶은 내용에 이름이나 설명을 붙인다(단서 만들기).
　　(보기 단어 12개는 '과일', '가전제품', '학용품'이라고 이름 붙일 수 있다고 설명하며 단어를 끼리끼리 묶어서 그 묶음을 대표하는 단어(표제어)를 적어보라고 한다)
　◦ 묶음별로 내용을 외운다.
　　(묶음별로 보기의 단어를 외워보라고 한다)

③ ②에서 설명한 것처럼 단어를 끼리끼리 모아서 외우는 방법이 분류기법이라고 알려준다.

④ 분류기법의 장점이 무엇인지 설명해준다.
　◦ 많은 정보를 한꺼번에 기억할 수 있다.
　◦ 장기기억의 용량을 증가시킬 수 있다.

활동내용

■ 끼리끼리 모아서 외워볼까요?

Tip

[학생용 활동지 활동 2, 3, 4]는 단계별로 구성되어 있으므로 학생수준에 맞추어 교사가 선별하여 사용할 수 있다. 학생들이 활동을 쉽게 생각하면 그 활동은 몇 개만 다루고 넘어가고, 어렵게 생각하는 활동은 더 많이 다룰 수 있다. 수준에 맞게 선별해서 몇 가지 활동만 사용해도 좋다.

① [학생용 활동지 활동 2: 집단 이름 붙이기]를 나누어 준다. 수업용 PPT를 활용하여 활동지에 나와 있는 단어를 보고 묶음의 이름을 붙이는 연습을 한다. [1-1]에서는 수업용 PPT의 단어를 보고 묶음의 대표 이름을 붙여보도록 한다. 그리고 수업용 PPT화면을 보면서 답을 확인한다. [1-2]는 단어들의 성격이 비슷한 것끼리 묶어서 활동지에 써보도록 한다. 각 묶음에 적합한 이름을 붙이도록 한다. 수업용 PPT화면을 보면서 답을 확인한다.

② [학생용 활동지 활동 3: 비슷한 성격 단어 골라 이름 붙이기]를 나누어 준다. 색깔펜을 활용하여 먼저 성격이 다른 단어를 제외시킨다. 제외시키고 남은 단어들을 지칭하는 묶음의 이름을 붙여보게 한다. 적당한 이름을 붙였으면 그 내용을 다 외운 후 발표하게 한다.

③ [학생용 활동지 활동 4: 비슷한 주제 문장 고르기]를 나누어 준다. 비슷한 주제의 문장을 골라 색깔펜을 활용하여 같은 색깔로 동그라미로 표시하게 한다. 같은 색깔의 문장끼리 모아서 빈칸에 적은 후 그 집단의 이름을 붙여보게 한다. 수업용 PPT화면을 보면서 답을 확인한다. [3-2]는 같은 주제의 문장을 묶는 것이다. '식사 도구'와 '식사 문화'로 나눌 수 있다. 학생들이 잘 모르면 단서를 미리 알려줄 수도 있다.

모듈 2.1

끼리끼리 모아서 외우기

 활동 1　지금까지 배운 내용을 복습해 보는 시간입니다.
다음 표에 담긴 '분류기법'의 내용과 방법을 되새겨 보세요.

정의	◦ 분류기법이란 비슷한 특징을 가진 것을 함께 묶어서 외우는 방법이다.
방법	◦ 외워야 할 내용을 비슷한 것끼리 묶는다. ◦ 묶은 내용에 이름이나 설명을 붙인다. ◦ 묶음별로 내용을 외운다.
장점	◦ 분류기법을 활용하면 많은 정보를 한꺼번에 기억할 수 있다. ◦ 분류기법을 활용하면 장기기억의 용량을 증가시킬 수 있다.
보기	사과, 연필, 풀, 세탁기, 복숭아, 텔레비전, 귤, 청소기, 지우개, 냉장고, 오렌지, 볼펜 ◦ 과일: 사과, 복숭아, 귤, 오렌지 ◦ 가전제품: 세탁기, 텔레비전, 청소기, 냉장고 ◦ 학용품: 연필, 지우개, 볼펜

1단계: 표에 제시된 단어들을 대표하는 상위 분류 기준을 만들어보는 연습을 해보겠습니다.

 다음 단어들을 보고 집단의 이름을 붙여보세요.

단어	집단의 이름
고양이 참새 토끼 거북이	동물
장미 수선화 백합 채송화	꽃
아메리카 아프리카 아시아 유럽	대륙
쌀 밀 보리 귀리	곡식
인도양 태평양 대서양 북극해	바다(대양)

 다음 단어들을 성격이 비슷한 것끼리 묶은 후 집단의 이름을 붙여보세요.

소방관	1	국어	서울	보라
수학	파랑	아나운서	사회	도쿄
6	런던	3	빨강	울산
요리사	노랑	영어	마술사	8

단어	집단의 이름
서울 런던 울산 도쿄	도시
소방관 아나운서 마술사 요리사	직업
1 3 6 8	숫자
보라 파랑 노랑 빨강	색깔
국어 수학 사회 영어	교과목

2단계: 표에 제시된 단어들 중 속성이 다른 것을 제외시킨 후, 대표하는 상위 분류 기준을 만들어 보는 연습을 해보겠습니다.

다음 단어 중 성격이 비슷하지 않은 것을 골라 표시하고, 나머지 단어 집단의 이름을 붙여보세요.

단어	집단의 이름
행복 불안 희망 기쁨	감정
양 소 돼지 말 오리	네발동물
꽹과리 피아노 첼로 바이올린	서양악기
덧셈 뺄셈 분수 나눗셈	사칙연산
cat cow tiger duck	네발동물

다음 단어 중 성격이 비슷하지 않은 것을 골라 표시하고, 나머지 단어 집단의 이름을 붙여보세요.

단어	집단의 이름
사과 복숭아 자두 상추	과일
run walk desk jump	영어동사
강감찬 이황 계백 을지문덕	장군
당나귀 강아지 송아지 망아지	아기동물
5/10 1/2 0.5 5.0	반, 이분의 일

3단계: 표에 제시된 문장들을 같은 속성을 가진 것을 묶은 후, 대표하는 상위 분류 기준을 만들어 보는 연습을 해보겠습니다.

 다음 문장을 성격이 비슷한 것끼리 묶고, 집단의 이름을 붙여보세요.

낫 놓고 기역자도 모른다	영희는 뚱뚱하다
가로×세로	악법도 법이다
고통 없이 얻는 것도 없다	소 잃고 외양간 고친다
누워서 떡먹기	시간은 금이다
민수는 크다	반지름×반지름×3.14
밑변×높이×1/2	지훈이는 작다

문장	대표 이름
낫 놓고 기역자도 모른다, 소 잃고 외양간 고친다, 누워서 떡먹기	속담
가로×세로, 반지름×반지름×3.14, 밑변×높이×1/2	수학공식
고통 없이 얻는 것도 없다, 악법도 법이다, 시간은 금이다	격언
민수는 크다, 영희는 뚱뚱하다, 지훈이는 작다	사람의 겉모습

 다음 문장을 비슷한 주제끼리 묶은 후, 외워보세요.

미국인들은 칼과 포크를 들고 식사를 한다.

영국인들은 주말마다 온 가족이 함께 모여서 식사를 한다.

한국의 주요한 식사 도구는 숟가락과 젓가락이다.

인도인들은 주로 손가락으로 밥을 먹는다.

조선시대 한국인들은 여자와 남자가 따로 식사를 했다.

프랑스에서는 옛날부터 식사 때마다 와인을 마셨다.

모듈 2.2

첫 글자만 모아서 외우기

준비물	주의점	소요시간
수업용 PPT, 학생용 활동지, 색연필	문장이 길 경우나 핵심단어가 중요할 경우에는 중요한 핵심단어를 먼저 찾아서 그 핵심단어의 첫 글자를 모아서 외울 수도 있다.	20분

활동내용

■ 첫 글자만 모아서 외우기(첫 글자 따서 외우는 전략 이해하기)

① [학생용 활동지 활동 1]을 나누어 준다. [활동 1]의 보기에 나와 있는 단어(대학원, 박사, 공부, 연극, 희망, 트럼펫, 치약, 다림질과 경주, 석가탄신일, 고인돌, 구석기, 경축일, 가야, 신라)를 30초 동안 외워 보라고 한다. 30초 후 다 외울 수 있는 학생은 손 들어보라고 한 후 어떻게 외웠는지 질문한다. 단어를 무작정 외우지 않고 외울 수 있는 방법이 있다고 알려준다.

② [활동 1]을 활용하여 머리글자 활용법의 사용절차를 설명한다.

　◦ 기억해야 할 내용의 첫 글자나 첫 단어를 순서대로 표시한다.

　　(활동지의 보기 단어를 순서대로 표시하게 한다)

　◦ 첫 글자나 첫 단어로 문장을 만들어 본다.

　　(활동지에 문장을 만들어 적어보게 한다-대박공연희트치다/경주에 석고 구경가니 신난다. 머리글자를 한글자나 두글자 정도 따서 문장으로 만들 수 있다고 알려준다)

　◦ 의미 있는 문장이 만들어지면 그대로 외우고 아니면 순서를 바꾸어 의미 있는 문장으로 만들어본다(단, 순서가 중요할 경우에는 의미와 상관없이 그대로 외운다).

③ ②에서 설명한 것처럼 기억해야 할 문항의 첫 글자나 첫 단어를 이용하여 외우는 방법이 머리글자 활용법 혹은 두문자 기법이라고 설명해준다.

④ 머리글자 활용법의 장점을 설명한다.

　◦ 순서나 차례를 기억할 때 효과적이다.

　◦ 여러 개의 단어나 문장을 한꺼번에 외울 수 있다.

　◦ 문장을 만들어 외우면 오랫동안 기억할 수 있다.

활동내용

⑤ 외워야 되는 내용의 앞 글자를 따서 되도록 의미 있는 단어나 문장으로 만들면 외우기가 더 쉽다고 설명한다.

■ **첫 글자만 모아서 외워볼까요?**

① [학생용 활동지 활동 2: 첫 글자만 모아서 외우기]를 나누어준다. 수업용 PPT화면의 단어를 보고 첫 글자를 따서 외워보라고 한다. 시간을 1분이나 2분 정도 준 후 다 외운 단어를 활동지에 적어보게 한다.

[1-2]는 단어의 첫 글자를 활용하여 활동지의 빈칸에 먼저 의미 있는 문장을 만들어서 적어보게 한 후 단어를 외우게 하는 것이다. 활동을 마쳤으면 수업용 PPT화면과 비교해 보고 서로 발표도 해본다.

② [학생용 활동지 활동 3: 첫 글자 모아서 외우기]는 [활동 2]와 진행 방식은 같지만 외울 단어가 많아지면서 단계가 어려워진다.

③ [학생용 활동지 활동 4: 첫 글자 모아서 문장 외우기]는 문장을 보여준 후 문장의 첫 글자를 모아서 외우게 하는 것이다. 순서대로 외워도 되고 순서와 상관없이 외워도 된다. 다 외운 후 반드시 발표를 시켜본다.

모듈 2.2
첫 글자만 모아서 외우기

 활동 1 **지금까지 배운 내용을 복습해 보는 시간입니다.**
다음 표에 담긴 '머리글자 기법'의 내용과 방법을 되새겨 보세요.

정의	◦ 머리글자 기법이란 기억해야 할 내용의 첫 글자나 첫 단어를 이용하여 외우는 빙법이다.
방법	◦ 기억해야 할 내용의 첫 글자나 첫 단어를 순서대로 표시한다. ◦ 첫 글자나 첫 단어로 말을 만들어 본다. ◦ 의미 있는 말이 만들어지면 그대로 외우고 아니면 순서를 바꾸어 의미 있는 문장으로 만들어본다 (단, 순서가 중요할 경우에는 의미와 상관없이 그대로 외운다). ※ 기억해야 할 문항의 첫 글자로 재미있는 문장이나 노래로 만들어 외울 수도 있다.
장점	◦ 순서나 차례를 기억할 때 효과적이다. ◦ 여러 개의 단어나 문장을 한꺼번에 외울 수 있다. ◦ 문장을 만들어 외우면 오랫동안 기억할 수 있다.
보기	◦ 대학원, 박사, 공부, 연극, 희망, 트럼펫, 치약, 다림질 ⇒ 대박공연히트치다 ◦ 경주, 석가탄신일, 고인돌, 구석기, 경축일, 가야, 신라 ⇒ 경석고구경가신

활동 2 1단계: 표에 제시된 단어들을 머리글자기법으로 순서대로 외워보는 연습을 해보겠습니다.

 화면에 나온 단어들의 머릿글자를 따서 외워보세요.

붕어	소나기	양궁	자전거	안경
임진강	선풍기	원숭이	냄비	태권도

 화면에 나온 단어들의 머릿글자를 따서 의미 있는 문장으로 만들어 외워보세요.

단어	사진기	자라	충청도	노트북	성악가
의미있는 문장	사자가 충성을 바친 여우에게 노성을 질렀다.				

 화면에 나온 단어들의 머릿글자를 따서 외워보세요.

수영	실로폰	구리	단풍나무	추석
포도	설날	구름	만두	광복절
삼일절	식목일	현충일	파인애플	선물

 화면에 나온 단어들의 머릿글자를 따서 의미 있는 문장으로 만들어 외워보세요.

단어	입	오이	난쟁이	바람	행운	사람	실패	진화	잠수함	고릴라
의미있는 문장	사실 난 잠바를 입고 오이를 물고 앞으로 행진 중이야.									

2단계: 표에 제시된 단어들을 머릿글자기법으로 순서대로 외워보는 연습을 해보겠습니다.

 화면에 나온 문장의 머릿글자를 따서 외워보세요.

내 처지가 너무도 싫다.

선비가 시를 읊었다.

물이 펄펄 끓어 넘친다.

 화면에 나온 문장의 머릿글자를 따서 외워보세요.

어머니께서 내 이마에 손을 얹고 바라보셨다.

곽재우는 왜란이 일어났을 때 의병활동을 하였다.

정약용은 목민심서 등 10여 권의 책을 저술했다.

조선의 태조는 조선을 건국하고 신분제도를 강화했다.

모듈 2.3

머릿속에 그려서 외우기

준비물	소요시간
수업용 PPT, 학생용 활동지	20분

활동내용

■ **머릿속에 그려서 외우기(머릿속에 그림 그려서 외우는 전략 이해하기)**

① [학생용 활동지 활동 1]을 나누어 준다. [활동 1]의 보기에 나와 있는 단어(고양이, 로봇, 부엌, 라면, 달걀, 양파)를 30초 동안 외워 보라고 한다. 30초 후 다 외울 수 있는 학생에게 어떻게 외웠는지 질문한다. 단어를 무작정 외우지 않고 외울 수 있는 방법이 있다고 알려준다.

② [활동 1]을 활용하여 이미지화 기법의 사용절차를 설명한다.

  ◦ 기억해야 할 단어나 문장을 살펴보면서 서로 관련지어 본다(엉뚱할수록 더 잘 기억할 수 있 다고 안내한다).

  (활동지의 보기 단어를 서로 관련지어보게 한다)

  ◦ 관련된 단어나 문장에 맞는 그림을 머릿속에 그려본다.

  (보기의 단어를 활용하여 머릿속에 그림을 그려보라고 한다)

  ◦ 그림을 떠올리며 다시 단어나 문장을 한 번 더 외워본다.

③ ②에서 설명한 것처럼 기억해야 할 내용을 머릿속에서 그림으로 그려서 외우는 방법이 바로 이미지화 기법이라고 설명한다.

④ 이미지화 기법의 장점을 설명한다.

  ◦ 문장으로 외우기 어려운 내용을 잘 기억할 수 있다.

  ◦ 좌뇌와 우뇌를 동시에 사용하기 때문에 기억한 내용을 쉽게 잊지 않는다.

활동내용

■ 머릿속에 그려서 외워 볼까요?

① [학생용 활동지 활동 2: 머릿속 그림 그려서 단어 외우기]를 나누어준다.

수업용 PPT의 단어를 보여 준 후 잠시 두 눈을 감고 머릿속으로 단어를 활용하여 그림을 그려 보라고 한다. 다음 슬라이드를 넘긴 다음 이미지를 이용하여 외운 단어를 활동지에 적어보게 한다. PPT화면의 단어와 다시 비교해본다. 다른 친구들은 어떤 그림을 그렸는지 서로 발표해 본다.

② [학생용 활동지 활동 3: 머릿속 그림 그려서 문장 외우기]를 나누어 준다. 수업용 PPT로 짧은 문장과 긴 문장을 제시한 후 잠시 두 눈을 감고 머릿속으로 문장을 활용하여 그림을 그려 보라고 한다. 다음 슬라이드를 넘긴 다음 이미지를 이용하여 외운 문장을 활동지에 적어보게 한다. 수업용 PPT화면의 문장과 다시 비교해본다. 다른 친구들은 어떤 그림을 그렸는지 서로 발표해본다.

③ 시간이 충분하면 머릿속에 그렸던 그림을 실제로 활동지에 그려보게 한다.

모듈 2.3
머릿속에 그려서 외우기

 활동 1 지금까지 배운 내용을 복습해 보는 시간입니다.
다음 표에 담긴 '이미지화 기법'의 내용과 방법을 되새겨 보세요.

정의	◦ 이미지화 기법이란 기억해야 할 내용을 머릿속에서 그림으로 그려 외우는 방법이다.
방법	◦ 기억해야 할 단어나 문장을 찬찬히 살펴보면서 서로 관련지어 본다 (엉뚱할수록 더 좋다). ◦ 관련된 단어나 문장에 맞는 그림을 그려본다. ◦ 그림을 떠올리며 다시 단어나 문장을 한 번 더 외워본다.
장점	◦ 문장으로 외우기 어려운 내용을 잘 기억할 수 있다. ◦ 좌뇌와 우뇌를 동시에 사용하기 때문에 기억한 내용을 쉽게 잊지 않는다.
보기	고양이, 로봇, 부엌, 라면, 달걀, 양파 ⇒ 고양이 로봇이 부엌에서 달걀과 양파를 넣어 라면을 끓이는 장면을 떠올린다.

활동 2 1단계: 표에 제시된 단어들을 이미지화기법으로 외워보는 연습을 해보겠습니다.

 화면에 나온 단어들을 머릿속에 그림으로 그려서 외워보세요.

참외	꽃병	기타	녹차	잠자리

 화면에 나온 단어들을 머릿속에 그림으로 그려서 외워보세요.

소년	바다	태권도	책상	권투
잡지	싱가포르	치약	야구	형제

 활동 3 2단계: 표에 제시된 문장들을 이미지화기법으로 외워보는 연습을 해보겠습니다.

 화면에 나온 문장을 머릿속에 그림으로 그려서 외워보세요.

노인이 바다 한 가운데서 커다란 상어를 잡고 있다.

 화면에 나온 단어들을 머릿속에 그림으로 그려서 외워보세요.

박사는 쉽고 편안한 길을 마다하고, 아는 사람이 하나도 없는 아프리카로 떠났습니다.
당시 아프리카에서는 너무나 많은 사람들이 굶주리거나 병들어 죽어가고 있었습니다.

심화 장기기억전략

심화 장기기억전략

◉ 장기기억은 작업기억에서 심층적으로 처리한 정보를 오랫동안 저장하는 곳이다. 기억에는 약호화, 저장, 인출이라는 세 과정이 포함된다. 효율적으로 약호화하는 방법은 기존 정보와 새로운 학습 정보를 관련시키는 것이다. 그렇게 하면 기억된 정보를 인출하는 데 시간이 오래 걸리지 않는다.

◉ 제3장은 심화 장기기억전략을 다루고 있는데 기억해야 할 단어를 이야기로 만들어 외우는 이야기 기법, 기억해야 할 내용을 조직화하여 간단하게 표로 그려서 외우는 표만들기 기법, 도형이나 그림으로 나타내어 외우는 다이어그램 기법으로 구성되어 있다.

◉ 제3장은 기초 장기기억전략을 다룬 다음, 각 모듈에 있는 활동들을 단계별로 활용하거나 학생의 기억전략 사용수준에 맞추어 선별해서 활용할 수 있다.

목표

◉ 이야기를 만들어서 외우는 방법을 활용할 수 있다.

◉ 표를 만들어서 외우는 방법을 활용할 수 있다.

◉ 다이어그램을 그려서 외우는 방법을 활용할 수 있다.

준비물

◉ 교사용 지도안 및 활동지, 학생용 활동지

◉ 수업용 PPT, 시계(타이머)

모듈 3.1

이야기 만들어 외우기

준비물	소요시간
수업용 PPT, 학생용 활동지 1	20분

활동내용

■ 상위 수준의 장기기억전략의 필요성 인식시키기

① 장기기억창고에 저장된 많은 기억 중에서 필요한 정보를 불러내려면, 기억 속에 정보를 조직적이고 체계적으로 정리해서 저장해야 쉽게 불러낼 수 있다는 것을 알려준다.

② 책상에서 물건을 찾을 때 뒤죽박죽으로 된 상태에서 찾는 것과 잘 정돈된 상태에서 찾는 것 중 어떤 때 물건을 쉽게 찾을 수 있는지 물어본다. 예를 들어 도서관에 책이 잘 정리되어 있어야 쉽게 찾아지는 것처럼 정보를 잘 정리해서 기억하면 쉽게 기억해 낼 수 있다고 설명한다.

③ 장기기억에 정보를 체계적으로 조직화하여 저장하면 그 정보를 꺼내 쓰기가 쉽다는 점을 강조한다.

■ 이야기를 만들어서 외우는 방법 이해하기

① [학생용 활동지 활동 1]을 나누어 준다. [활동 1]의 보기에 나와 있는 단어(자동차, 토끼, 수영장, 텔레비전, 모래, 모자, 빵, 나무)를 1분 동안 외워 보라고 한다. 1분 후 다 외울 수 있는 학생에게 어떻게 외웠는지 질문한다. 단어를 무작정 외우지 않고 외울 수 있는 방법이 있다고 알려준다.

② [활동 1]을 활용하여 이야기 기법의 사용절차를 설명한다.

　◦ 기억해야 할 단어들을 찬찬히 살펴보면서 단어들을 서로 체계적으로 연관시켜 본다.
　　(활동지의 보기 단어를 서로 연관시켜보게 한다)

　◦ 단어들을 순서대로 나열하며 하나의 이야기를 만든다.
　　(보기의 단어를 활용하여 이야기를 만들어보라고 한다)

　◦ 순서가 중요하지 않으면 단어를 마음대로 배열하여 엉뚱하고 재미있는 내용의 이야기를 만들수록 더 오래 기억하고, 더 쉽게 기억을 떠올릴 수 있다고 설명한다.
　　※ 자신을 주인공으로 이야기를 만들면 좀 더 실감날 수 있다.

활동내용

③ ②에서 설명한 것처럼 기억해야 할 단어를 이야기로 만들어 외우는 방법이 이야기 기법이라고 설명한다.

④ 이야기 기법의 장점을 설명한다.

  ◦ 순서가 중요한 단어를 외우는데 효과적이다.

  ◦ 장기기억의 용량을 크게 증가시킬 수 있다.

  ◦ 이야기를 만들어 기억하므로 쉽게 잊히지 않는다.

⑤ 보기의 단어로 다른 이야기를 만들어보도록 한 후 발표하도록 한다.

⑥ 순서대로 외울 필요가 없을 때는 단어를 섞어서 이야기를 만들어도 된다고 설명한다.

 Tip

상호작용 이미지를 활용해서 이야기를 만들면 기억에 오래 남고, 이야기 기법으로 외우면 더 오래 기억할 수 있다.

■ 이야기를 만들어서 외워볼까요?

① [학생용 활동지 활동 2: 이야기 만들어서 외우기]를 나누어 준다. 수업용 PPT의 단어를 보여주며 단어를 활용한 이야기를 만든 후 활동지에 적어보게 하고 발표를 시켜본다(순서대로 외우게 한다). 이야기 발표가 끝났으면 모두 활동지를 덮고 슬라이드 내용을 넘긴 후 외운 단어를 확인해 본다. 2인 1조로 조를 짜서 서로 외운 단어가 몇 개인지 확인해 볼 수도 있다.

② [학생용 활동지 활동 3: 이야기 만들어서 외우기]를 나누어 준다. 수업용 PPT의 단어를 보여주며 단어를 활용한 이야기를 만든 후 활동지에 적어보게 하고 발표를 시켜본다(순서와 상관없이 외우게 한다). 이야기 발표가 끝났으면 모두 활동지를 덮고 슬라이드 내용을 넘긴 후 외운 단어를 확인해 본다.

③ 2인 1조로 조를 짜서 서로 외운 단어가 몇 개인지 확인해 보게 한다.

모듈 3.1

이야기 만들어 외우기

 활동 1　지금까지 배운 내용을 복습해 보는 시간입니다.
다음 표에 담긴 '이야기 기법'의 내용과 방법을 되새겨 보세요.

정의	◦ 이야기 기법은 기억해야 할 단어로 이야기를 만들어 외우는 방법이다.
방법	◦ 기억해야 할 단어들을 찬찬히 살펴보면서 단어들을 서로 체계적으로 연관시켜본다. ◦ 단어를 순서대로 나열하며 하나의 이야기를 만든다. ◦ 순서가 중요하지 않으면 단어를 마음대로 배열하여 엉뚱하고 재미있는 내용의 이야기를 만들면 더 좋다. ※ 자신을 주인공으로 이야기를 만들면 좀 더 실감날 수 있다.
장점	◦ 순서가 중요한 단어를 외우는데 효과적이다. ◦ 장기기억 용량을 크게 늘릴 수 있다. ◦ 이야기를 만들어 기억하므로 쉽게 잊어버리지 않는다.
보기	자동차, 토끼, 수영장, 텔레비전, 모래, 모자, 빵, 나무 ⇒ 자동차를 산 토끼가 수영장에서 텔레비전을 보더니 갑자기 모래를 들고 와 모자에 빵빵하게 넣은 후 나무에 걸었다(순서가 중요한 경우). ⇒ 토끼가 자동차를 타고 텔레비전을 보면서 수영장으로 가는 길에 모래가 가득 담긴 모자에 심긴 빵 나무를 보았다(순서가 중요하지 않은 경우).

1단계: 표에 제시된 단어들을 이야기 기법으로 순서대로 외워보는
연습을 해 보겠습니다.

 화면의 단어들을 이야기로 만들어 외워보세요.

단어		이야기
비행기	법원	비행기를 타고 법원에 가서
판사	휴대전화	판사를 만나려고 휴대전화로 전화하던 중에
손목시계	강	손목시계가 떨어져서 강에 빠졌는데
한라산	아프리카	그 강물은 한라산에서 아프리카까지 흘러간단다.

단어		이야기
머리띠	미역	머리띠 대신 미역을 머리에 묶고서
마라톤	우엉	마라톤을 하던 선수가 우엉밭 근처를 달리다가
마법사	연못	마법사가 연못에서 나와서
공원	수박	공원에서 수박이 자라는 마법을 보여주었으면 했다.

 화면의 단어들을 이야기로 만들어 외워보세요.

단어		이야기
임진왜란	정조	임진왜란을 한탄하던 정조가
병자호란	규장각	병자호란 책을 규장각에서 읽으면서
영조	탕평책	영조가 펼친 탕평책이 좋았다고 무릎을 치더니
고구마	상인	옆에 있던 고구마를 먹으면서 상인에게 감사 했다.

활동 3

2단계: 표에 제시된 단어들을 이야기 기법으로 순서와 상관없이 외워보는 연습을 해 보겠습니다.

 화면의 단어들을 이야기로 만들어 외워보세요.

단어		이야기
뼈	소화	호텔에서 동창회를 하는데
환풍기	양초	환풍기 바람에 양초가 꺼지자 갑자기 뼈가 쑤시고
작은창자	심장	작은창자가 꼬이는 것처럼 소화가 되지 않더니
호텔	동창회	콩팥과 심장 부위가 너무 아파서
콩팥	감각	감각까지 마비되는 듯 했다.

 화면의 단어들을 이야기로 만들어 외워보세요.

단어		이야기
실천	공익광고	실천을 강조하는 공익광고에서
환불	가래떡	만병통치에 좋은 가래떡을
만병통치	할인	명동에서 할인하고 있으니
숫자	명동	숫자 가리지 말고 열정적으로 사고
열정	흑연	흑연이 섞여 있으면 환불해준다고 했다.

모듈 3.2

표 만들어 외우기

준비물	주의점	소요시간
수업용 PPT, 학생용 활동지	연습문제를 마친 후 반드시 외워보게 한다.	20분

활동내용

■ 표를 만들어서 외우는 방법 이해하기

① [학생용 활동지 활동 1]을 나누어 준다. [활동 1]을 활용하여 표 만들기 기법의 개념을 설명한다.

    ◦ "표 만들기 기법이란 무엇일까요?"라고 질문한 후 학생의 답을 듣고 나서 표 만들기 기법의 정의를 설명한다.

    ◦ 표 만들기 기법은 기억해야 할 내용을 조직화하여 간단하게 표로 그려서 외우는 방법으로, 특히 사회나 과학과목에 유용하게 활용할 수 있다고 설명한다.

② 표 만들기 기법의 사용절차를 설명한다.

    ◦ 기억해야 할 내용을 꼼꼼하게 읽는다.

    ◦ 종류, 주제, 연도, 인물, 사건 등과 같이 기준을 정하여 분류한다.

    ◦ 분류한 내용을 간단하게 정리해서 표를 만든다.

    ◦ 표로 작성한 후 말로 설명하게 한다.

③ 표 만들기 기법의 장점을 설명한다.

    ◦ 내용의 기준을 정해서 분류하는 능력이 생긴다.

    ◦ 내용을 분석하고 분류하는 과정에서 독해력이 향상된다.

    ◦ 내용을 체계적으로 조직화함으로써 기억력뿐만 아니라 사고력도 향상된다.

    ◦ 많은 내용을 좀 더 효율적으로 외우는데 도움을 준다.

④ 수업용 PPT와 활동지의 보기를 활용하여 구체적인 방법을 설명한다.

    ◦ 내용을 어떤 기준으로 분류하는 것이 좋은지 물어본다.

    ◦ 연도와 인물, 지역, 사건 개요 등과 같이 기준을 정하여 분류할 수 있다고 설명한다.

    ◦ 분류된 묶음을 대표하는 이름을 정해서 표에 넣고 세부내용을 적는다고 설명한다.

활동내용

⑤ 표의 종류 알아보기

　◦ 수업용 PPT를 활용하여 표의 종류가 어떤 것이 있는지 설명한다.

　◦ [종류 1]은 간단한 표로 주요항목이 하나인 경우이다.

[종류 1]

주요항목	세부 사항
주요항목	세부 사항

　◦ [종류 2]는 주요항목이 2개 이상인 경우이다. 가로와 세로에 항목을 나타낼 수 있는 것으로,
　　예를 들면 어떤 개념 간의 차이점과 공통점 등을 표로 만들 때 사용할 수 있다고 설명한다.

	주요항목(차이점)	주요항목(공통점)
주요항목(개념1)	세부사항	세부사항
주요항목(개념2)		

■ 표를 만들어서 외워볼까요?

① [학생용 활동지 활동 2: 표 종류 1 연습하기]를 나누어 준다. [1-1]에서는 색칠이 된 칸에
　왜 계절과 날씨가 들어갔는지 묻는다. 계절과 날씨가 주요 항목이고 그에 따른 세부 내용이
　있으므로 표의 [종류 1]에 해당한다고 설명한 후 빈칸에 내용을 넣게 한다.

② [1-2, 1-3]도 [1-1]과 똑같은 방식으로 한다. 어떤 내용이 주요항목으로 들어갈지 물어본다.
　월과 이름을 잘 분류해서 적도록 한다. [1-3]을 할 때는 빈칸의 개수는 먼저 정해주고 분류기
　준 이름을 스스로 정해보도록 한다. 혼자하기 힘들어하면 모둠에서 색칠된 칸에 어떤 개념을
　넣고 세부내용은 무엇을 넣을지 서로 의논하도록 한다. 충분히 의논할 시간을 가졌으면 수업
　용 PPT를 보여주면서 자신이 한 것과 비교해보게 한다.

③ [학생용 활동지 활동 3: 표 종류 2 연습하기]를 나누어 준다. 표의 칸을 몇 개로 할지와 분류
　기준의 이름 짓기를 스스로 해보도록 한다. 표의 [종류 2]와 비슷하다고 설명한다. 내용을 잘
　이해하지 못할 경우 모둠에서 내용을 어떻게 분류할지 서로 의논하게 한다. '고유어', '한자
　어', '외래어', '외국어'를 찾아냈으면 그 뜻과 예를 찾아 분류하여 표를 완성하게 한다.
　내용을 잘 분류했으면 표로 만들어서 내용을 정리하게 한다. 수업용 PPT의 답과 비교하면서
　점검해본다.

모듈 3.2

표 만들어 외우기

 활동 1 지금까지 배운 내용을 복습해 보는 시간입니다.
다음 표에 담긴 '표 만들기 기법'의 내용과 방법을 되새겨 보세요.

정의	◦ 표 만들기 기법은 기억해야 할 내용을 조직화하여 간단하게 표로 그려서 외우는 방법이다.
방법	◦ 기억해야 할 내용을 꼼꼼하게 읽는다. ◦ 종류, 주제, 연도, 인물, 사건 등과 같이 기준을 정하여 분류한다. ◦ 분류한 내용을 간단하게 정리해서 표를 만든다. ◦ 표로 작성한 후 말로 설명하게 한다.
장점	◦ 내용의 기준을 정해서 분류하는 능력이 생긴다. ◦ 내용을 분석하고 분류하는 과정에서 독해력이 향상된다. ◦ 내용을 체계적으로 조직화함으로써 기억력뿐만 아니라 사고력도 향상된다. ◦ 많은 내용을 좀 더 효율적으로 외우는데 도움을 준다.
보기	우리가 태어나기 훨씬 전에 세계에서는 여러 가지 사건들이 일어났습니다. 1492년에는 콜럼버스가 아메리카 대륙을 발견하였고, 1543년에는 코페르니쿠스가 지동설을 주장했으며 1688년에는 영국에서 명예혁명이 일어났습니다. 1770년에는 유명한 작곡가인 베토벤이 태어났고, 1789년에는 프랑스 대혁명이 일어났으며 1815년에는 나폴레옹이 워털루 전쟁에서 패배하였습니다.

연도	1492	1543	1688	1770	1789	1815
인물, 지역	콜럼버스	코페르니쿠스	영국	베토벤	프랑스	나폴레옹
주요 사건	아메리카대륙 발견	지동설 주장	명예혁명 발생	탄생	프랑스 대혁명	워털루 전쟁 패배

1단계: 제시된 문장을 표에 제시된 기준으로 분류하여 표를 채워보는 연습을 해보겠습니다.

 다음 글을 읽고, 표로 정리해서 외워보세요.

우리나라는 봄, 여름, 가을, 겨울 사계절이 뚜렷하다. 봄에는 날씨가 따뜻하고 여름에는 덥다. 가을에는 시원하고 겨울에는 춥다.

계절	봄	여름	가을	겨울
날씨	따뜻하다	덥다	시원하다	춥다

 다음 글을 읽고, 표로 정리해서 외워보세요.

우리 반에는 같은 달에 태어난 아이들이 많다. 주영이와 성용이가 4월에 태어났고, 7월에는 연아와 연재, 현희가 태어났으며, 10월에 승엽이와 명보와 두리가 태어났다. 그리고 아주 추운 12월에 현주와 보배, 진혁이가 태어났다.

달(생월)	4월	7월	10월	12월
이름	주영, 성용	연아, 연재, 현희	승엽, 명보, 두리	현주, 보배, 진혁

 다음 글을 읽고, 표로 정리해서 외워보세요.

물에는 작은 생물들이 많이 살고 있습니다. 가늘고 긴 머리카락 모양의 해캄, 몸이 투명한 껍질로 싸여 있는 물벼룩, 논이나 연못의 물에 떠 있는 개구리밥, 그리고 하천이나 호수의 바닥이나 돌 위를 기어 다니는 플라나리아 등이 살고 있어요. (교육부, 2013)

물에 사는 작은 생물	해캄	물벼룩	개구리밥	플라나리아
특징	가늘고 긴 머리카락 모양을 띰	몸이 투명한 껍질로 싸여 있음	논이나 연못의 물에 떠다님	하천이나 호수의 바닥이나 돌 위를 기어 다님

2단계: 제시된 문장들을 같은 속성으로 분류하여 정리한 후, 표로 만들어보는 연습을 해보겠습니다.

 다음 글을 읽고, 표로 정리해서 외워보세요.

고유어는 우리말에 본디부터 있던 말이나 그것에 기초하여 새로 만들어진 말을 일컫는다. '어버이', '하늘', '땅', '아름답다' 등이 고유어이다. 한자어는 한자를 바탕으로 만들어진 말이다. 한자어가 생기면서 고유어가 사라지기도 하였는데, '고뿔' 대신에 '감기', '샛바람' 대신에 '동풍', '즈믄 해' 대신에 '천 년'이라고 쓰는 경우가 이에 해당한다. 외래어는 다른 나라의 말이 들어와서 우리말처럼 쓰이는 말이다. '냄비', '라디오', '버스', '빵', '텔레비전' 등이 외래어이다. 외국어는 다른 나라의 말이다. '오뎅', '스시', '키보드', '홈페이지', '에어컨' 등이 모두 외국어이다.

(교육부, 2013)

1. 비슷한 집단으로 분류하기

1. 고유어

1) 고유어의 뜻: 우리말에 본디 있던 말이나 그것에 기초하여 새로 만들어진 말

2) 고유어의 예: 어버이, 하늘, 땅, 아름답다

2. 한자어

1) 한자어의 뜻: 한자를 바탕으로 만들어진 말

2) 한자어의 예: 감기, 동풍, 천 년

3. 외래어

1) 외래어의 뜻 : 다른 나라 말이 들와서 우리말처럼 쓰이는 말

2) 외래어의 예: 냄비, 라디오, 버스, 빵, 텔레비전

4. 외국어

1) 외국어의 뜻 : 다른 나라의 말

2) 외국어의 예: 오뎅, 스시, 키보드, 홈페이지, 에어컨

2. 분류한 내용으로 표 만들기

우리말과 외국어	고유어	한자어	외래어	외국어
뜻	우리말에 본디 있던 말이나 그것에 기초하여 새로 만들어진 말	한자를 바탕으로 만들어진 말	다른 나라 말이 들와서 우리말처럼 쓰이는 말	다른 나라의 말
예	어버이, 하늘, 땅, 아름답다	감기, 동풍, 천 년	냄비, 라디오, 버스, 빵, 텔레비전	오뎅, 스시, 키보드, 홈페이지, 에어컨

모듈 3.3

서로서로 연결해서 외우기

준비물	소요시간
수업용 PPT, 학생용 활동지	20분

활동내용

■ **서로서로 연결해서 외우기(다이어그램을 그려서 외우는 방법 이해하기)**

① [학생용 활동지 활동 1]을 나누어준다. [활동 1]을 활용하여 다이어그램 기법의 개념을
   설명한다.

   "다이어그램 기법이란 무엇일까요?"

   라고 질문한 후 몇몇 학생의 답을 듣고서 다이어그램 기법의 정의를 설명한다.

   "다이어그램 기법은 기억해야 할 내용의 핵심들 간의 연결 관계를 알아보기 쉽게 도형이나 그림으로
   나타내어 외우는 방법을 말합니다."

② 마인드맵이나 개념도 등 다양한 방식으로 나타낼 수 있다고 설명한다.

③ 다이어그램 기법의 사용절차를 설명한다.

   ◦ 기억해야 내용을 꼼꼼하게 읽는다.

   ◦ 내용을 큰 개념, 중간 개념, 소개념 등으로 분류한다.

   ◦ 내용배치를 일관성 있게 하고 의미가 잘 연결되도록 배치한다.

   ◦ 분류한 내용을 간단하게 정리해서 도형이나 그림으로 나타낸다.

④ 다이어그램 기법의 장점을 설명한다.

   ◦ 내용을 분석하고 분류하는 과정에서 독해력이 향상된다.

   ◦ 내용을 체계적으로 조직화하고 시각화함으로써 기억력뿐만 아니라 사고력도 향상된다.

   ◦ 많은 내용을 효율적으로 외울 수 있는 방법이다.

⑤ 수업용 PPT와 활동지의 보기를 활용하여 다이어그램 기법을 구체적으로 설명한다.

   ◦ 주어진 글에서 큰 개념, 중간 개념, 소개념으로 나눌 수 있는지 묻는다. 그 개념들이 큰 제목,
   중간 제목, 작은 제목과 비슷하다고 설명한다.

활동내용

⑥ 다이어그램 종류 설명하기

[종류1] 간단한 마인드맵처럼 중심내용에 따른 세부내용을 방사형으로 적은 것이다
(수평일 수도 있고 수직일수도 있다).

■ 서로서로 연결해서 외워 볼까요?

① [학생용 활동지 활동 2: 다이어그램 종류 1 연습하기]를 나누어 준다. 활동지의 내용을 읽은 후 도형 안에 들어갈 내용을 적어보게 한다. [활동 2]에서 개념별 내용 분류하는 방법을 충분히 익힐 수 있도록 연습한 후 [학생용 활동지 활동 3]을 해보는 것을 추천한다.

② [학생용 활동지 활동 3: 다이어그램 직접 그려서 외우는 연습하기]를 나누어준다. 내용을 읽고 분류한 후 직접 도형을 그려보게 하는 방법이다. 학생이 혼자서 활동하기 힘들어 하면, 친구와 의논하면서 같이 활동하도록 한다.

◦ 먼저 내용을 다 함께 읽어본다.

◦ 무엇을 제일 큰 제목으로 정하면 좋을지 물어본다.

◦ 지구촌 과제: 탄소 없는 지구 만들기

◦ 탄소 없는 지구를 만들기 위해 어디에서 어떤 활동을 하는지 물어본다.

◦ 그 내용을 비슷한 것끼리 묶어서 정리하게 한다.

◦ 수업용 PPT에 분류한 내용과 비교해본다.

◦ 분류한 내용을 어떤 도형(마인드맵, 개념도 등)으로 그릴지 정하게 한다.

◦ 자신이 그린 도형에 내용을 모두 채워 넣게 한다.

◦ 수업용 PPT 내용과 자신이 한 것을 비교해 보게 한다.

모듈 3.3
서로서로 연결해서 외우기

 활동 1 다이어그램 기법으로 외우는 방법을 알아보겠습니다.

정의	◦ 다이어그램 기법은 기억해야 할 내용들의 핵심을 파악하여 간결하고 알아보기 쉽게 도형이나 그림으로 나타내어 외우는 방법이다.
방법	◦ 기억해야 할 내용을 꼼꼼하게 읽는다. ◦ 내용을 큰 개념, 중간 개념, 소개념으로 분류한다. ◦ 내용배치를 일관성 있고 의미가 잘 연결되도록 배치한다. ◦ 분류한 내용을 간단하게 정리해서 도형이나 그림으로 나타낸다.
장점	◦ 내용을 분석하고 분류하는 과정에서 독해력이 향상된다. ◦ 내용을 조직화, 정교화, 시각화함으로써 기억력뿐만 아니라 사고력도 향상된다. ◦ 많은 내용을 좀 더 효율적으로 외우는데 도움을 준다.
보기	오늘은 동물의 종류 중 포유류와 파충류에 대해 배워볼까요? 포유류에는 고릴라나 호랑이 같은 동물이 있고, 파충류에는 악어와 뱀과 같은 동물이 있습니다. 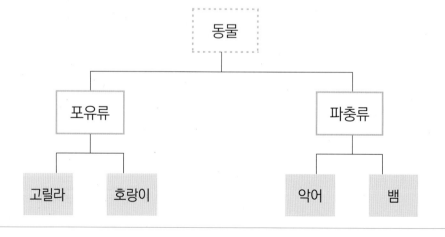

활동 2 1단계: 제시된 글을 같은 속성으로 분류하여 정리한 후, 다이어그램으로 만들어보는 연습을 해 보겠습니다.

 다음 글을 도형이나 그림을 그려서 외워보세요.

동물은 바다에 사는 동물과 육지에서 사는 동물, 하늘에서 사는 동물로 나눌 수 있다. 바다동물에는 고래, 상어, 문어 등이 있고, 육지동물에는 사자, 호랑이, 기린 등이 있으며 하늘동물은 독수리, 올빼미, 까마귀 등이 있습니다.

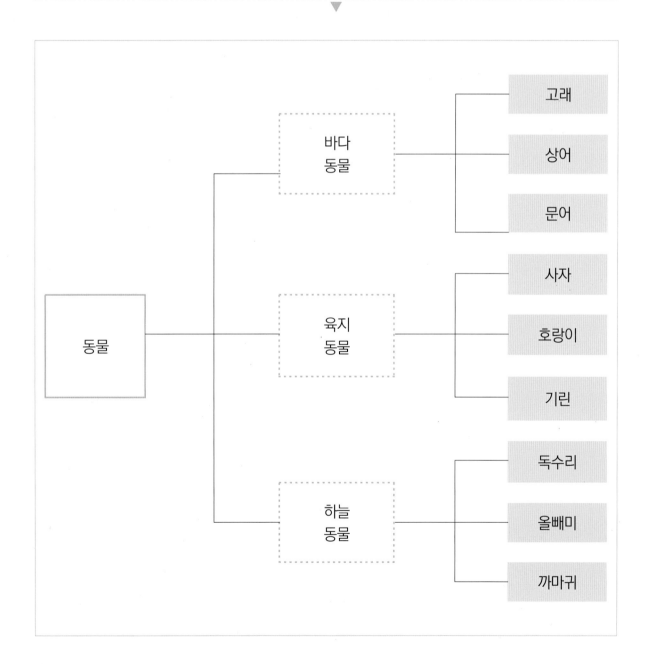

2단계: 제시된 글을 같은 속성으로 분류하여 정리한 후, 다이어그램으로 만들어보는 연습을 해 보겠습니다.

 다음 글을 도형이나 그림을 그려서 외워보세요.

현재 지구촌의 중요한 과제 중 하나는 '탄소 없는 지구 만들기' 입니다. 부천시처럼 탄소를 '잡아 먹는' 숲을 만들기도 하고, 여러 나라가 모여 '탄소를 배출하는 양에 따라 탄소를 없애는 데 드는 비용을 내자'고 약속을 하기도 합니다. 아랍에미리트 아부다비의 사막 한복판에는 탄소 제로 도시 '마스다르'가 만들어지고 있습니다. 탄소 제로 도시란 탄소 배출량이 말 그대로 '제로(0)'인 도시입니다. 2020년 완성될 예정이지요.

'마스다르'에는 탄소 배출을 막는 아이디어가 곳곳에 숨어있어요. 대부분의 거리는 남북 방향으로 뻗어있습니다. 동쪽에서 해가 뜨고 서쪽으로 지는 동안 그림자 길이를 최대한 길게 해서 에어컨 없이도 도시를 시원하게 만들기 위한 것입니다. 또 골목은 길고 좁아요. 좁고 긴 골목을 지나면서 바람의 속도가 빨라지고 더운 공기의 온도를 자연스럽게 낮추기 위해서입니다. 2020년 부터는 자동차 출입도 금지됩니다. 대신 탄소를 배출하지 않는 '친환경 모노레일'이 도시를 달리지요.

(어린이동아, 2012.3.12.)

1. 내용을 개념별로 분류하기

1. 지구촌 중요한 과제 : 탄소 없는 지구 만들기

1) 부천시: 탄소 잡아먹는 숲 만들기

2) 여러 나라간 모임: 탄소 배출량에 따른 비용내기 약속

3) 아랍에미리트: 탄소제로 도시 마스다스 건설 – 탄소 배출량이 제로인 도시, 2020년 완공예정

  (1) 마스다르의 특징

   ① 대부분의 거리 남북방향 – 그림자를 최대한 길게 해서 에어컨 없이 시원한 도시

   ② 골목은 길고 좁음 – 바람의 속도가 빨라져서 더운 공기 온도 낮춤

   ③ 2020년부터 자동차 출입 금지 – 탄소배출 없는 친환경 모노레일 생김

2. 분류한 내용으로 다이어그램 그리기

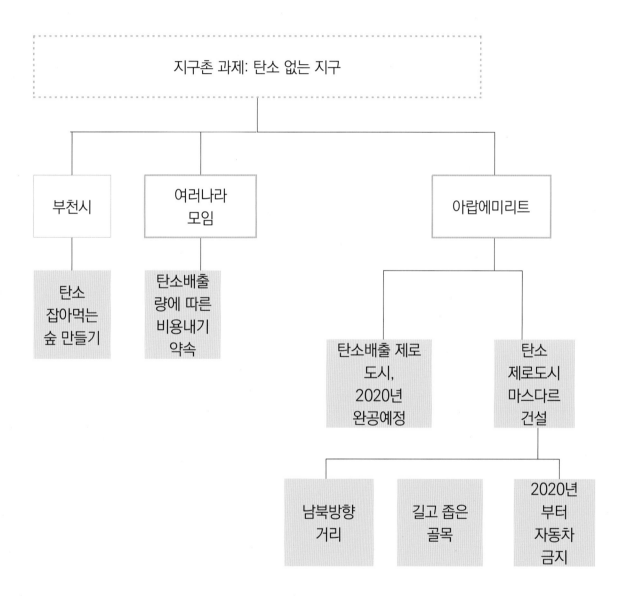

chapter 04

수업장면에서 기억력 관리

모듈 4.1 수업장면에서 기억력 관리

CHAPTER 04

수업장면에서 기억력 관리

◉ 수업 시간에 들은 지식을 효율적으로 기억하고 정확하게 인출하려면 다양한 기억전략을
효과적으로 사용할 수 있어야 한다.

◉ 제4장은 수업시간에 배운 내용을 표나 다이어그램을 활용하여 외울 수 있게 구성되어 있다.
내용을 분류하고 정리하여 표나 다이어그램으로 조직화하여 요약한 후 암기하는 방법을
훈련시킬 수 있다.

◉ 제4장은 기초/심화 장기기억전략을 익힌 학생을 대상으로 분류하는 방법, 표로 그리는 방법,
다이어그램으로 그리는 방법, 한 문장으로 요약하는 방법을 활동별로 충분히 훈련시킨 후
전 과정을 이어서 훈련시킬 수 있다.

목표

◉ 수업내용을 효율적 기억전략을 활용하여 정리할 수 있다.

◉ 다양한 기억전략을 수업내용에 적용할 수 있다.

준비물

◉ 교사용 지도안 및 활동지, 학생용 활동지, 수업용 PPT

모듈 4.1

수업장면에서 기억력 관리

준비물	소요시간
수업용 PPT, 학생용 활동지 1, 2	20분

활동내용

■ **효율적인 기억을 위한 수업정리방법 확인하기**

① [학생용 활동지 활동 1]을 나누어준다. [활동 1]의 수정표다내를 활용하여 수업시간에 배운 내용을 효율적으로 기억하는 방법을 알려준다.

> **수업 내용을 반복적으로 떠올리고 듣고 본 내용을 핵심개념(주요개념)별로 정리하기**
> ◦ 수업시간에 듣고 본 내용을 핵심개념 중심으로 적어보는 과정이다.
> ◦ 되도록이면 듣고 본 내용은 순서대로 적는 것이 좋다고 설명한다.
>
> **정리한 내용을 다시 분류하기**
> ◦ 정리한 내용을 개념별(큰 개념, 중간 개념, 작은 개념)로 묶는다.
> ◦ 개념별 세부 내용을 정리한다.
>
> **표로 정리하기**
> ◦ 전에 배웠던 표 만들기 기법을 떠올리며 정리한 내용을 표에 배치하는 것이라고 설명한다.
>
> **다이어그램으로 정리하기**
> ◦ 표의 내용을 도형으로 옮기려면 어떤 도형이 좋을지 먼저 표 내용을 보면서 도형을 정하라고 설명한다.
> ◦ 꼭 정해진 도형은 없고 개념도나 마인드맵 등 자신이 보기 편한 도형으로 내용을 정리하면 된다고 알려준다.
>
> **내용을 한 문장으로 정리하기**
> ◦ 다이어그램의 내용을 한 문장으로 요약해서 정리할 수 있다고 설명한다.
> ◦ 내용이 많으면 꼭 한 문장이 아니고 두 세 문장으로 요약 가능하다고 설명한다.

활동내용

② 수업내용을 정리하는 방법을 모두 외우게 한다. 모둠별로 나누어서 외울 수도 있고 개별로 외울 수도 있다. 모둠별로 외울 때는 한 명당 한 머리글자 문장을 돌아가면서 외우게 한다. 모든 학생이 '수정표다내'를 다 외울 수 있게 한다.

■ 지금까지 배운 전체 전략을 적용해서 연습하기

① [학생용 활동지 활동 2: 수업장면에서 기억력 관리]를 나누어준다. 활동지를 읽어보게 한다. '수정표다내' 기법을 떠올리게 한다.

② 읽은 내용을 반복적으로 떠올리고 듣고 본 내용의 핵심개념 정리하기
 ◦ 신문기사 내용 중에서 중요하다고 생각되는 내용을 핵심단어 위주로 정리하기

③ 정리한 내용을 다시 분류하기
 ◦ '곤충의 대피 요령'이니 먼저 곤충별로 분류해서 각 곤충의 행동을 적어보게 한다.

④ 표로 정리하기
 ◦ 큰 개념은 '곤충'이고 작은 개념은 곤충들의 행동이므로 그에 맞게 표가 몇 칸, 몇 줄 필요한지 먼저 의논하고 발표해본다. 발표가 다 끝난 후 적절한 표를 그려서 내용을 넣어보게 한다.

⑤ 다이어그램으로 정리하기
 ◦ 표를 보고 어떤 도형이 적당한지 발표하게 한다. 개념도의 종류가 좋을지 마인드맵 같은 형태가 좋을지 발표하게 한다. 학생들이 적당한 도형을 찾았다고 생각하면 도형을 그려서 표의 내용을 배치해보게 한다.

⑥ 내용을 한 문장으로 정리하기
 ◦ 도형의 내용을 보고 '곤충의 폭우대비요령'을 한 문장으로 나타내게 한다. 두 문장으로 나누어 써도 상관없다고 설명한다.

 Tip

모든 과정별 수업용 PPT는 충분히 의논과 발표가 끝난 후 학생들이 결과물을 다 완성했을 때 보여주며 자신의 것과 어떻게 차이가 나는지 확인시켜준다.

모듈 4.1

수업장면에서 기억력 관리

활동 1

지금까지 배운 내용을 복습해 보는 시간입니다.
다음 그림을 보면서 '수정표다내' 수업관리 방법을 되새겨 보세요.

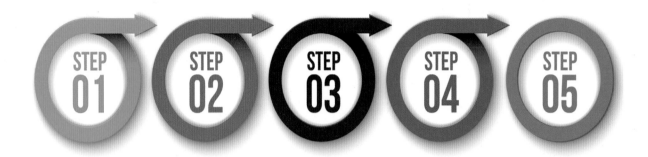

STEP 01
수업내용을
반복적으로
떠올리고,
듣고 본 내용을
핵심개념
정리하기

STEP 02
정리한 내용
다시 분류하기

STEP 03
표로 정리하기

STEP 04
다이어그램으로
정리하기

STEP 05
내용을 한
문장으로
정리하기

효율적인 기억을 위한 수업내용 정리방법
· · · · ·
수 정 표 다 내

활동 2 아래 글을 '수정표다내' 기법을 활용하여 '곤충들의 폭우대피 요령'을 정리해보세요.

예고도 없이 쏟아지는 소나기에 발이 묶여 동동거리는 사람들의 모습은 여름날의 흔한 풍경이다. 갑자기 퍼붓는 비는 사람뿐 아니라 곤충들에게도 골칫거리다. 최근 영국 일간지 데일리메일은 폭우 속 곤충 세계를 담은 러시아 작가 바딤 트루노브의 사진 작품을 소개했다.

	'메뚜기보다 똑똑한 달팽이' 풀줄기 밑에 딱 달라붙어 비를 피하는 달팽이와 그 바로 위에서 하염없이 빗방울을 맞고 있는 메뚜기의 모습이 재미난 대비를 이룬다.
	'내 우산 어때?' 마치 우산을 쓴 것처럼 보라색 꽃 아래 매달린 나비.
	뗏목이라도 만들어야 하나?' 나뭇잎 위에 간신히 몸을 실은 개미 한 마리가 사방을 둘러싼 물웅덩이를 고민스레 바라보고 있다. (소년한국일보, 2012.7.29.)

▼

1. 수업내용을 반복적으로 떠올리고 듣고 본 내용을 그대로 정리하기

예고도 없이 쏟아지는 소나기에 발이 묶여 동동거리는 사람들의 모습은 여름날의 흔한 풍경이며 갑자기 퍼붓는 비는 사람뿐 아니라 곤충들에게도 골칫거리이다. 최근 폭우 속 곤충 세계를 담은 러시아 작가 바딤 트루노브의 사진 작품을 소개했다.

〈사진 1〉'메뚜기보다 똑똑한 달팽이'
풀줄기 밑에 딱 달라붙어 비를 피하는 달팽이와 그 바로 위에서 하염없이 빗방울을 맞고 있는 메뚜기의 모습이 재미난 대비를 이룬다.

〈사진 2〉'내 우산 어때?' 마치 우산을 쓴 것처럼 보라색 꽃 아래 매달린 나비.

〈사진 3〉'뗏목이라도 만들어야 하나?' 나뭇잎 위에 간신히 몸을 실은 개미 한 마리가 사방을 둘러싼 물웅덩이를 고민스레 바라보고 있다.

▼

2. 정리한 내용 다시 분류하기

　1. 곤충들의 폭우대피 요령

　1) 달팽이: 풀줄기 밑에 달라붙어 비 피함

　2) 메뚜기: 하염없이 비를 맞고 있음

　3) 나비: 꽃을 우산삼아 매달림

　4) 개미: 나뭇잎에 앉아 뗏목을 만들까 고민

▼

3. 표로 정리하기

곤충들의 폭우대피 요령	
달팽이	풀줄기 밑에 달라붙어 비 피함
메뚜기	하염없이 비를 맞고 있음
나비	꽃을 우산삼아 매달림
개미	나뭇잎에 앉아 뗏목을 만들까 고민

▼

4. 다이어그램으로 정리하기

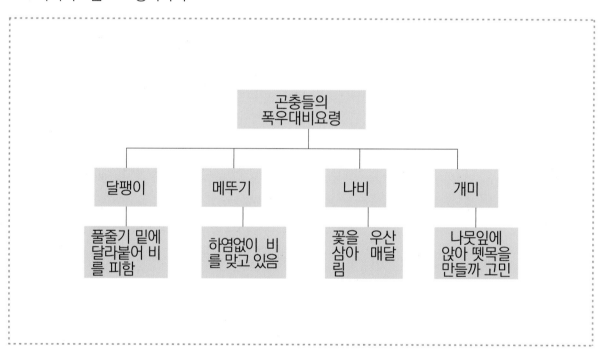

▼

5. 내용을 한 문장으로 정리하기

곤충들이 폭우를 대피하는 방법이 다양한데 달팽이는 풀줄기에 달라붙어서, 메뚜기는 하염없이 비를 맞으며, 나비는 꽃을 우산삼아, 개미는 뗏목을 만들까 고민하며 폭우를 대피한다.

참고문헌

교육부(2014). 초등학교 4학년 1학기 읽기.

교육부(2013). 초등학교 5학년 과학.

교육부(2013). 초등학교 6학년 국어.

교육부(2009). 초등학교 5학년 1학기 읽기.

김동일, 신을진, 이명경, 김형수 공저(2011). 학습상담. 서울: 학지사.

김소영, 서봉금, 김정섭(2014). 목표설정 중심의 시간관리 프로그램이 중학생의 진로 자기효능감에 미치는 효과. 사고개발, 2014,10(2), 31−47.

김소영, 최지만, 김정섭(2013). 학습컨설팅 프로그램이 초등학교 학습부진아의 주의집중력에 미치는 효과. 사고개발, 2013, 9(3), 43−61.

김영채(2005). 생각하는 독서. 서울: 박영사.

김영채(2011). 독서이해와 글쓰기. 서울: 교육과학사.

김의식(2012). 바보처럼 공부하고 천재처럼 꿈꿔라. 서울:명진출판.

김정섭(2009). 학습컨설팅의 중요성과 학습 컨설턴트의 역할. 학교심리와 학습컨설팅, 1(1), 19−33.

김정섭(2012). 교수학습센터를 위한 학습컨설팅. 교육심리연구, 26(4), 837−851.

김지영(2013). 자기조절학습프로그램이 초등 학습부진아의 학습동기와 학습전략에 미치는 영향. 부산대학교 대학원 석사학위 논문.

김지영, 김정섭(2014). 학교기반 학습컨설팅 프로그램이 초등학생의 학습전략에 미치는 효과. 학습자중심교과교육학회지, 14(6), 169−192.

김현영, 정영선(2010). 청소년을 위한 학습상담. 서울: 시그마프레스.

노지영(2011). 어린이를 위한 시간관리의 기술. 경기도: 위즈덤하우스.

박수홍, 안영식, 정주영(2010). 체계적 액션러닝. 서울: 학지사.

박은교(2011). 세계 1등 위인들이 들려주는 아주 특별한 시간관리 습관. 경기도: 니케북스.

사이언 베일락(2011). 부동의 심리학(박선령 역). 경기도: 21세기북스.

소년한국일보(2102). "꽃·풀잎 우산 속으로… 곤충들의 폭우 피하는 요령". 7월 29일.

신현숙(2005). 독서교육. 서울: 홍진P&M.

어린이동아(2012). "지구촌 '탄소 없애기' 대작전". 3월 12일.

어린이 동아(2012). "뜨거워진 한반도, '경북포도' 옛말". 8월 14일.

어린이 동아(2012). "확대되는 녹조현상". 8월 9일.

윤채영(2011). 전문가 모형의 학교기반 학습컨설팅 적용이 학습전략에 미치는 효과. 교육심리연구, 25(3), 545−567.

윤채영, 김정섭(2015). 학교기반 학습컨설팅 모형개발. 한국교육, 42(1), 107−135.

윤채영, 김정섭(2010). 예방적 학습컨설팅이 전환기 중학생의 학업동기에 미치는 영향. 중등교육연구, 58(3), 381−408.

윤채영, 황두경, 김정섭(2012). 초등 학습부진아와 일반아의 학업동기와 학습전략 특성 비교. 사고개발, 8(2), 125−149.

윤현주, 윤소영, 김정섭(2009). 주의집중전략 훈련이 초등학생의 학습태도와 학업성취도에 미치는 영향. 학교심리와 학습컨설팅, 1(1), 67−78.

이채윤(2006). 컴퓨터 병을 고치는 의사 안철수. 서울: 보물섬.

이화진, 임혜숙, 김선, 송현정, 홍순식, 조난심(1999). 초등학교 학습부진아용 교수−학습자료 개발: 학습동기 전략 프로그램(CRC 1999−2). 서울: 한국교육과정평가원.

전도근(2012). 공부의 달인이 되는 기억력과 암기력 향상 전략(교사용 지도서). 서울: 학지사.

전도근(2011). 공부의 달인이 되는 기억력과 암기력 향상 전략(학생용 워크북). 서울: 학지사.

전도근(2010). 자기주도적 학습전략 시리즈 2: 공부의 달인이 되는 주의 집중력 향상 전략 교사용 지도서. 서울: 학지사.

정미선, 정세영(2012). 영재학생과 일반학생의 학습양식 비교. 영재교육연구, 2012, 22(2), 39−59.

정세영, 김정섭(2013). 전환기 중학생의 학습동기와 학습전략의 관계. 사고개발, 2013, 9(1), 161−176.

천경록, 이경화 역(2003). 독서지도론, 서울: 박이정.

최동선, 정향진, 이민욱, 문한나, 추연우, 현지훈(2014). 국가직무능력표준(NCS)학습모듈 활용방안 연구. 서울: 한국직업능력개발원.

최정원, 이영호(2006). 시험불안 다루기 전략 및 시험전략. 서울: 학지사.

표시정(2007). 은혜갚은 꿩. 서울: 씽크하우스.

한국콘텐츠진흥원(2005). "산사의 소리, 은혜 갚은 꿩". http://www.culturecontent.com (2015.8.20. 방문).

호아킴 데 포사다(2009). 마시멜로 이야기. 서울: 한국경제신문사.

황경렬(1997). 행동적, 인지적, 인지−행동 혼합적 시험불안 감소훈련의 효과비교. 한국심리학회지: 상담과 심리치료, 9(1), 57−80.

황두경, 김정섭(2014). 초등학교 학습부진학생의 시간관리능력과 학업적 자기효능감에 대한 시간관리 학습전략 프로그램의 효과. 사고개발, 10(4), 39−57.

Bobb Biehl, B., & Paul Swets. (2012). 꿈을 향한 31일간의 여행(박영인 역). 경기도: 큰나무(원저 2007에 출판).

Carolyn, C. (2012). 학습부진아 지도를 위한 220가지 전략 학습코칭(정종진 역.). 서울: 시그마 프레스(원저 2001 출판).

Finch, C. R., & Crunkilton, J. R.(1999). Curriculum development in vocational and technical education. planning, content, and implementation, MA : Allyn and Bacon.

Stephen R. Covey., A. Roser Merrill., & Rebecca R. Merrill. (1997). 소중한 것을 먼저 하라(김경섭 역). 서울: 박영사(원저 1994에 출판).

 **공저자약력**

김정섭(KIM JungSub)

창의성교육, 비판적사고, 칭찬프로그램개발에 관심을 가지고 연구를 하였고, 최근에는 학습컨설팅을 토대로 한 학교심리학에 많은 관심을 가지고 있다. 현재 부산대학교 교육학과 교수로 근무하고 있다.

✉ creativejin@pusan.ac.kr

강명숙(KANG MyungSuk)

인지, 정서, 행동문제로 어려움을 겪고 있는 학생들의 적응을 위한 학습컨설팅 및 창의력교육에 관심을 가지고 연구하고 있다. 현재 한국학습컨설팅센터장으로 근무하고 있다.

✉ kangms386@hanmail.net

윤채영(YOON ChaeYoung)

학습컨설팅, 학습부진, 학습전략, 학습몰입, 학업중단, 학사경고 등에 관심을 가지고 연구하고 있다. 현재 신라대학교 교육혁신본부 교수로 근무하고 있다.

✉ chaeyoungy@hanmail.net

정세영(JUNG SeYoung)

창의력과 글 이해에 대하여 관심을 가지고 연구하였고, 최근 학습컨설팅과 창의적 학습에 많은 관심을 가지고 있다. 현재 계명대학교 교수학습개발센터 교수로 근무하고 있다.

✉ 308580@hanmail.net

김지영(KIM JiYoung)

학습부진, 학습동기 및 학습전략에 관심을 가지고 연구하였으며, 최근 대학생의 진로/학습컨설팅과 수업참여에 많은 관심을 가지고 있다. 현재 경남대학교 대학혁신지원사업단 교수로 근무하고 있다.

✉ chinkuya@hanmail.net

김소영(KIM SoYeong)

진로상담, 학습자 심리정서조절, 학습부진아 학습컨설팅, 진로학습컨설팅에 관심을 가지고 연구하고 있다. 현재 영산대학교 교수학습개발원 교수로 근무하고 있다.

✉ donald9328@gmail.com

황두경(HWANG DuGyeong)

학습부진 및 시간관리에 관심을 가지고 연구를 하였고, 최근에는 대학생의 학습역량 강화 프로그램 개발에 많은 관심을 가지고 있다. 현재 동의대학교 교수학습개발센터 교수로 근무하고 있다.

✉ hdk1225@deu.ac.kr

학습컨설팅 프로그램 시리즈

 학습전략 프로그램

: 학습컨설턴트, 교사 등 전문가들을 위한 학습전략 프로그램 사용 안내서

- 학습전략 프로그램 1 : 시간관리
- 학습전략 프로그램 2 : 집중전략
- 학습전략 프로그램 3 : 기억전략
- 학습전략 프로그램 4 : 읽기전략
- 학습전략 프로그램 5 : 시험관리

 학습전략 프로그램 워크북

: 프로그램에 따른 학습전략 사용능력 향상을 위한 실전용 학생 개별 활동지

- 학습전략 프로그램 워크북 1 : 시간관리
- 학습전략 프로그램 워크북 2 : 집중전략
- 학습전략 프로그램 워크북 3 : 기억전략
- 학습전략 프로그램 워크북 4 : 읽기전략
- 학습전략 프로그램 워크북 5 : 시험관리

학습컨설팅 시리즈

학습전략 프로그램 03 기억전략

초판발행	2020년 3월 4일
공저자	김정섭·강명숙·윤채영·정세영·김지영·김소영·황두경
펴낸이	노 현
편 집	조보나
기획/마케팅	이선경
표지디자인	조아라
제 작	우인도·고철민
펴낸곳	㈜ 피와이메이트
	서울특별시 금천구 가산디지털2로 53 한라시그마밸리 210호(가산동)
	등록 2014. 2. 12. 제2018-000080호
전 화	02)733-6771
f a x	02)736-4818
e-mail	pys@pybook.co.kr
homepage	www.pybook.co.kr
ISBN	979-11-6519-002-6 94370
	979-11-6519-010-1 94370(세트)

copyright©김정섭·강명숙·윤채영·정세영·김지영·김소영·황두경, 2020, Printed in Korea

정 가   13,000원

박영스토리는 박영사와 함께하는 브랜드입니다.